그림책으로 나누는 비폭력대화

바다를 여는 빛처럼,
우리의 마음도 누군가의
다정한 말 앞에서
조금씩 열립니다.

허경자 지음

그림책으로 나누는

비폭력대화

마음을 이어주는
한마디 말, 한 줄의 시, 한 권의 그림책

옐로스톤

차례

◇ 프롤로그   독자에게 건네는 첫 인사   11

1. 마음으로 주고받는 대화   17

다채로운 말의 경험 - 말의 형태 / 19

비폭력대화 / 23
  ◎ 비폭력대화란? ·· 23

기린과 자칼의 언어 / 25
  ◎ 기린의 언어 ·· 25
  ◎ 자칼의 언어 ·· 26

진정한 소통을 가로막는 말 / 28
  ◎ 도덕적 판단 : 옳고 그름의 덫 ························ 29
  ◎ 비교하는 말 ·· 31
  ◎ 강요하는 말 ·· 32
  ◎ 책임을 전가하는 말 ······································· 33
  ◎ 당연하게 여기는 말 ······································· 35

2. NVC의 첫걸음 — 관찰   39

보이는 대로, 들리는 대로 - 관찰 / 43
  ◎ 관찰이 중요한 이유 ······································· 43
  ◎ 평가하지 않는 관찰이 어려운 이유 ·············· 44

그림책 속에서 발견하는 관찰의 힘 - 하루거리 / 46
  ◎ 따뜻한 시선으로 바라보기 ···························· 46
  ◎ 관찰이 만들어낸 변화 ··································· 47

나에 관한 중요한 사실 찾기 - 중요한 사실 / 49
- ◎ 나 자신에 대한 '중요한 사실'은 무엇일까? ·················· 51
- ◎ 나에 관한 중요한 사실 찾기 ······································ 52

3. NVC의 나침반 — 느낌　　　　　53

몸과 마음이 보내는 신호 - 느낌 / 58
- ◎ 느낌을 알아차리는 순간, 변화가 시작된다 ·················· 58
- ◎ 느낌과 생각을 구별하는 일 ······································ 59
- ◎ 느낌말 목록 ·· 60

감정, 삶의 안내자 - 감정 호텔 / 62
- ◎ 감정 손님을 맞이하는 호텔 지배인 ···························· 63
- ◎ 감정은 함께 움직인다 ··· 64

4. NVC의 꽃 — 욕구　　　　　67

진짜 원하는 것은? - 욕구 / 72
- ◎ 우리의 행동과 욕구는 어떻게 연결되나 ······················ 72
- ◎ 욕구를 알아차릴 때, 선택의 자유가 생긴다 ················ 74
- ◎ 가까운 관계일수록 욕구를 이해하는 것이 중요하다 ······· 74

내 안의 목소리 - 진짜 내 소원 / 76
- ◎ 소원을 이뤄주는 지니, 그리고 아이의 선택 ················ 77
- ◎ 진짜 내 욕구 vs. 타인의 기대 ··································· 77
- ◎ 욕구와 욕망의 차이 ·· 78
- ◎ 욕구 목록 ·· 79

자신도 몰랐던 욕구 - 가시 소년 / 83
- ◎ 소년은 무엇 때문에 화가 났을까? ······························ 84
- ◎ 소년의 내면 들여다보기 ·· 84
- ◎ 소년의 상처받은 내면 ··· 85
- ◎ 가시 소년의 느낌과 욕구 ·· 88

5. NVC의 열쇠 — 부탁 · 91

풍요로운 삶을 위한 대화 – 부탁하기 / 96
- ◎ 원하는 것을 표현하는 용기 ····· 96
- ◎ 거절을 두려워하지 않기 ····· 97
- ◎ 연결 부탁은 무엇이며 왜 필요할까? ····· 98
- ◎ 행동 부탁은 무엇이며 왜 필요할까? ····· 99
- ◎ 부탁과 강요의 차이 ····· 101

솔직하게 말할 수 있을까? – 하늘을 나는 사자 / 104
- ◎ 사자의 호의와 점점 당연해지는 기대 ····· 105
- ◎ 부탁을 솔직하게 표현하는 용기 ····· 106
- ◎ 사자의 입장에서 할 수 있는 연결 부탁과 행동 부탁 ····· 107

6. 거절하기와 거절 듣기 · 111

거절이 어려운 이유 – 거절하기와 거절 듣기 / 116
- ◎ 왜 우리는 거절이 어려울까? ····· 117
- ◎ 관계를 지키면서도 솔직하게 거절하기 ····· 118

친절과 거절 사이 – 곰씨의 의자 / 121
- ◎ 친절함과 나의 경계 사이에서 ····· 121
- ◎ 곰씨의 용기 있는 선택 ····· 123
- ◎ 곰씨의 입장에서 거절하기 ····· 124

| 7. | 공감하기 | 127 |

공감으로 듣기 – 존재로 함께하기 / 131
들어주는 힘 – 가만히 들어주었어 / 134
- ◎ 공감의 시작은 함께하는 것 ········· 135
- ◎ 토끼의 공감법 ········· 136

공감을 가로막는 장애물 / 138
- ◎ 공감을 방해하는 열 가지 요소 ········· 139
- ◎ 공감의 핵심은 들어주기 ········· 142

| 8. | 듣기 불편한 말과 네 가지 선택 | 145 |

선택이 중요해! – 불편한 말을 들었을 때 / 150
소피, 나무가 틀렸어! – 소피가 속상하면, 너무너무 속상하면 / 154
- ◎ 불편한 말을 들었을 때 소피의 네 가지 선택 ········· 156
- ◎ 선택의 중요성 ········· 160

| 9. | 분노를 온전하게 표현하기 | 163 |

분노, 어떻게 표현할까? – 분노 표현하기 / 168
화가 날 때, 어떻게 해야 할까? – 소피가 화나면, 정말 정말 화나면 / 172
- ◎ 분노의 내면 작업 ········· 174
- ◎ 분노를 온전하게 표현하기 ········· 175
- ◎ 분노는 나쁜 것이 아니다 ········· 176

| 10. | 자기공감 — 나를 돌보는 연습 | 177 |

나를 돌보는 대화 - 자기공감 / 182
감정과 함께 흐르기 - 내 마음에 파도가 칠 때 / 185
후회, 죄책감과 마주하기 - 괜찮아, 나의 두꺼비야 / 188
◎ 빨강의 자기공감 프로세스·························· 191

| 11. | 감사하기 — 연결을 만드는 언어 | 197 |

진심을 전하는 마음 - 감사하기 / 202
◎ 감사, 가장 아름다운 실천·························· 202
◎ 감사와 칭찬의 차이 ································ 203
◎ 감사를 전할 때 중요한 것 ························ 204

감사의 의미와 힘 - 나는 강물처럼 말해요 / 205
◎ 강물처럼 흐르는 말 ······························· 205
◎ 말로 전할 수 없는 것들 ·························· 206
◎ 나의 흐름을 믿기로 하다 ························ 207
◎ 감사 표현하기 ····································· 209
◎ 마음을 잇는 말의 여정 ··························· 210

| ◈ 에필로그 | 책을 쓰며 발견한 것들 | 213 |

- ◎ 관찰 : 글을 쓰며 떠올린 물음들·································· 213
- ◎ 느낌 : 글을 쓰며 마주한 감정들·································· 214
- ◎ 욕구 : 이 책을 통해 이루고 싶었던 마음의 바람들 ······· 215
- ◎ 부탁 : 당신을 대화에 초대합니다······························· 217

| 부록 | 221 |

| 수록 작품 목록 | 230 |

독자에게 건네는 첫 인사

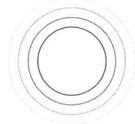

새벽 6시.

달이 지고 있어요.

작은 배 한 척이 항구로 들어와요.

바다는 썰물.

조개들은 크게 하품을 하고

입을 꼬옥 다물어요.

소라는 껍데기 밖으로

살짝 머리를 내밀고 다리를 쭈욱 뻗어요.

《첫 인사》_클레르 르부르 글, 미카엘 주르당 그림(옐로스톤, 2023)

바다를 여는 빛처럼, 우리의 마음도 누군가의 다정한 말 앞에서 조금씩 열립니다. 그리고 그렇게 마음을 내어줄 준비가 되었을 때, 대화는 비로소 시작됩니다. 마음과 마음이 진심으로 닿기 위해, 우리에게 정말 필요한 건 무엇일까요?

저는 오랫동안 지방의 작은 도시에서 아이들과 책을 읽고, 생각을 나누며 글쓰기를 해왔습니다. 아이들은 세상에 대한 호기심이 많고 감정도 풍부해 보였지만, 막상 자신의 기분이나 느낌을 말로 표현하는 데는 어색해했습니다. "좋다", "싫다", "귀찮다", "몰라요" 같은 무표정한 단어들이 대화 내용의 대부분이었습니다.

비폭력대화에서 사용하는 '느낌말 목록'을 아이들의 눈앞에 펼쳐놓고, 지금 이 순간의 감정을 골라보는 활동을 시작했습니다. 처음에 아이들은 마치 외국어를 보듯 낯설어했지만, 점차 자신이 느끼는 감정을 찾아 말로 표현하는 일을 즐거워했습니다. 자신의 감정을 알아차린다는 것은 삶이 조금 더 풍성해진다는 뜻이기도 했습니다.

일주일에 한 번 찾아오는 아이들은 자기 앞에 놓인 느낌말 목록을 보며 지난 일주일을 곰곰이 돌아보았습니다. 기억을 더듬고, 감정을 되짚는 그 시간이 흥미롭다고 말했습니다. '지나간 시간'을 마음으로 관찰하는 연습은 평범한 일을 특별하게 바라보게 하고, 마음에 걸렸던 일은 한결 가볍게 여겨지게 했습니다.

자기 주변에서 일어난 일을 감정과 연결해 바라보는 시간은 아이들의 마음을 조금 더 섬세하고 부드러운 곳으로 이끌어주었습니다. 언제부턴가 아이들은 수업 중에도 다양한 느낌의 말을 자연스럽게 사용하고, 더 나아가 친구의 감정까지 상상하고 공감하기 시작했습니다. 느낌의 언어가 달라지니 주고받는 대화도 달라졌고, 서로를 바라보는 마음가짐도 바뀌었습니다. 말에는 분명 사람을 변화시키는 힘이 있다는 것을 배웠습니다.

감정은 마음의 문을 여는 열쇠였습니다. 어느새 아이들은 친구 이야기, 가족 이야기, 길에서 만난 고양이 이야기까지 마음에 담긴 소소한 이야기들을 스스럼없이 풀어냈습니다. 아이의 말을 듣다 보면, 그 마음이 고스란히 전해졌습니다. 아이가 웃을 때 함께 웃고, 아이가 울 때 함께 울었습니다. 어느새 언제 울었냐는 듯 아이는 맑은 얼굴로 돌아옵니다.

이제 그 감정이 어디에서 비롯되었는지를 함께 살펴보았습니다. '욕구 목록'을 보며, 지금 나에게 정말로 필요한 것이 무엇인지, 마음속 깊은 바람은 무엇이었는지 이야기했습니다. "혼란스럽고 불편했던 그 마음의 정체는 무엇이었을까?" 고민 끝에 고른 욕구 하나는 아하! 하고 무언가를 깨닫게 해주었고, 그 깨달음은 아이의 마음을 환하게 밝혀주었습니다. 자신이 무엇 때문에 힘들어했는지를 알아차리는 것만으로도 한숨이 놓이는 듯했습니다.

그렇게 '욕구'는 부모나 친구와의 갈등으로 힘겨워하던 아이들에게 위로가 되고, 격려가 되었습니다. 느낌과 욕구를 알기 전과 달리, 아이들의 표정은 어느새 비 개인 여름의 나무처럼 선명하고 개운해졌습니다. 자기 내면의 목소리에 귀 기울이고, 스스로 질문하고 답을 찾아가는 그 시간 속에서 우리는 서로 연결되고 있다는 따뜻한 감정을 나누었습니다.

아이들은 말하는 것만으로 충분했고, 저는 듣는 것으로 충분했습니다. 아이들과 나눈 말, 주고받은 마음의 순간들은 제 안에 오래도록 남아 있습니다. 그 소중한 경험을 조금 더 많은 이들과 나누고 싶었습니다.

그래서 제가 대화를 위해 준비한 소품은 시와 그림책입니다.

시는 첫 장을 여는 역할을 맡습니다.

아이들과의 추억담에서 느끼셨겠지만 이 책은 대화를 잘 이어가는 기술을 다루기보다, 내 마음을 먼저 돌보는 일에 집중합니다. 그래서 첫 장을 열기 전에 한 편의 시를 실었습니다. 그 시는 여러분의 흩어진 감각을 '지금 여기'로 데려오고, 여러분을 마음속 고요함에 머물게 할 것입니다.

그림책은 우리가 살아가는 일상을 다채롭게 비춰줍니다.

그림책을 통해 우리는 다양한 감정을 만나게 됩니다. 그림책을 읽다 보면 "어머, 내 이야기네!" 하고 스르륵 마음의 문이 열리는 경험을 합니다. 더 반가운 건, 다른 사람들도 비슷한 시선으로 같은 인물을 바라보고 있다는 사실입니다.

현실에서는 상대의 입장을 이해하기란 쉽지 않지만, 그림책 속 인물들의 말과 행동을 따라가다 보면 점차 내 마음에 닿는 지점을 발견하게 됩니다. 등장인물과 자신을 닮은, 내 안의 또 다른 나와 조우하는 순간, 우리는 타인을 이해하면서 동시에 나를 더 깊이 이해하게 됩니다. 이런 의미에서, 그림책은 감정과 욕구를 관찰하고 이해하는 데 아주 유용한 도구입니다.

이 책은 그림책을 통해 비폭력대화를 배우고 실천하는 여정입니다. 등장인물의 말과 행동에 담긴 감정과 욕구를 함께 들여다보며, 서로가 이해하고 연결되기를 바랍니다.

책을 쓰는 동안 다정한 응원의 말과 따뜻한 마음으로 기다려주신 분들께 진심으로 감사드립니다. 특히 비폭력대화에 대한 깊은 이해로 투박했던 원고를 처음부터 끝까지 촘촘히 다듬어 생기를 불어넣어준 기린 친구 이은주, 그리고 작가로서의 첫걸음을 믿어주고 책이 세상에 나올 수 있도록 길을 열어준 옐로스톤 대표님께 깊은 고마움을 전합니다.

1

마음으로 주고받는 대화

다채로운 말의 경험
말의 형태

《말의 형태》_오나리 유코 글그림, 허은 옮김(봄봄출판사, 2020)

그림책 표지를 보면, 수채화 물감으로 채색된 동그라미들이 나무를 풍성하게 채웁니다. 부드러우면서도 단단한 느낌으로 단단하면서도 부드러운 느낌으로 각자의 빛깔을 지닌 채 조화롭게 어우러져 다시 하나의 원을 이룹니다. 나무 전체가 하나의 형태가 되기도 하고, 동그라미 하나하나가 존재감을 드러내기도 합니다. 우리 마음속 말의 형태는 이처럼 다채롭습니다.

그러나 때때로 우리는 마음을 말로 온전히 표현하지 못해 답답해합니다. 마음을 직접 보여줄 수도 없으니 더욱 안타깝습니다. 말에는 표현된 것 이상의 의미가 담겨 있습니다. 우리 생각과 감정이 다양한 색깔과 형태로 녹아 있어, 때로는 말과 마음이 어긋나기도 하고, 상대가 다르게 받아들이기도 합니다. 만약 말의 형태가 눈에 보인다면 어떨까요? 아마도 너무나 다채롭고 복잡해서 오히려 혼란스러울지도 모릅니다.

우리는 다양한 말을 하고 들으면서 살아갑니다. 책 뒤표지를 보면 푸른 잔디 위에 한 소녀가 맨발로 서서 누군가의 말에서 뿜어져 나오는 향기를 맡고 있습니다. 따뜻하고 환한 빛깔의 향기를 한참 음미하는 듯합니다. 오래도록 마음에 담아두고 싶은 말일까요. 그렇다고 말을 향기로운 꽃처럼 애써 꾸밀 필요는 없습니다. 봄볕이 어깨를 토닥이듯 따스함이 느껴지는 말로도 충분합니다. 꽃처럼 화려한 말이 아니어도 질그릇처럼 투박해도, 된장찌개처럼 구수한 맛을 내는 그런 말이라면 충분히 향기롭습니다. 하지만 말을 줄이고 들어주는 것이 더 큰 의미로 다가올 때가 있습니다.

아름다운 말은 꽃이 아닐까.
아름답지만 가시가 있는 장미 같은 말도 있고,
흔하지만 예쁜 토끼풀 같은 말도 있겠지.
누군가를 상처 주는 말이 못처럼 생겼다면 어떨까.
말할 때마다 뾰족한 못이 입에서 나가
상대방에게 꽂히는 것이 눈에 보인다면.

우리가 내뱉는 말이 눈에 보인다면 그 말이 상대에게 어떻게 꽂히는지 보일 것입니다. 대화 속에서 우리는 자신의 가치관과 내면의 모습을 고스란히 드러냅니다. 말로 표현하는 것뿐만 아니라, 말하지 않는 감정과 태도까지도 전달됩니다. 스스로 인식하지 못해도, 상대방은 이를 감지합니다. 우리가 내뱉는 말이 날카로운 못이 되어 상대에게 깊은 상처를 남길 수도 있습니다. 신체의 멍은 시간이 지나면 사라지지만, 마음에 맺힌 멍울은 시간이 지나도 사라지지 않습니다.

누군가의 말이 상처로 다가오는 까닭은 내 안에 아물지 못한 상처가 있기 때문입니다. 단단하게 여미지 못한 내 상처에 무심한 말 한마디가 닿으면 따끔거리며 쑤시고 아파옵니다. 그리고 그 말이 쉽게 떠나지 않고 원망과 미움으로 마음속에 쌓이기도 합니다. 그렇다면 이런 감정들은 어디로 가는 걸까요? 풀어내지 못한 감정들은 결국 또 다른 형태의 날카로운 못이 되어 엉뚱한 곳으로 튀어가곤 합니다. 그렇기에 우리는 어떤 말에 자극을 받았는지, 그때 어떤 느낌이 들었는지, 무엇이 나에게 중요했는지를 섬세하게 들여다볼 필요가 있습니다.

"아무 말도 하지 않는다"라는 말에
끝도 없는 빽빽한 숲이 펼쳐져 있을지도 몰라.

말이 빽빽한 순간에는 보이지 않던 풍경이, 침묵 속에서는 풍성하게 펼쳐집니다. 초록의 싱그러움, 부드러운 바람, 나무들의 자유로운 움직임, 그 사이로 내려앉는 햇빛, 저 너머 숲까지 시야가 가 닿습니다. 말로 채워졌을 때는 보이지 않던 것들이, 고요 속에서는 선명해집니다. 초록 숲처럼 넓은 여백 속에서야 비로소 진정한 공감이 피어납니다. 서로 간의 연결이 잘 이루어질 때, 침묵은 아름답습니다. 그러나 공감이 동반되지 않은 침묵은 종종 어색하고 불편하게 다가옵니다.

우리는 끊임없이 말을 하며 살아가지만, 말 속에는 각자의 감정과 욕구가 담겨 있기에 대화는 여전히 쉽지 않습니다. 말은 마음의 형태를 고스란히 담고 있기 때문입니다.

비폭력대화

))) 비폭력대화란? (((

이제 비폭력대화를 소개하려 합니다. 처음 접하는 분들에게는 '비폭력'이라는 단어가 다소 낯설게 느껴질 수도 있습니다. 우리는 흔히 '폭력'이라고 하면 신체적인 충돌이나 물리적인 행위를 떠올립니다. 하지만 폭력은 단순한 신체적 행위에 머물지 않습니다. 우리의 일상적인 말과 행동, 심지어 미묘한 태도에도 폭력이 스며들어 있습니다. 비폭력대화는 우리의 일상에 스며든 보이지 않는 폭력을 인식하고 존중과 공감을 바탕으로 소통을 실천하는 방법입니다.

문학평론가 신형철은 '폭력에 대한 감수성'에 대해 이렇게 말합니다. "폭력이란, 어떤 사람이나 사건의 진실에 대해 최대한 섬세해지려는 노력을 포기하는 데서 만족을 얻는 태도, 더 섬세해질 수 있는데 그렇지 않기를 선택하는 순간, 타인에 대한 잠재적·현실적 폭력이 시작된다."

그는 나아가 실수조차도 폭력이 될 수 있다고 말합니다. 폭력에 대한 감수성과 감정은 개인의 경험에 따라 다르게 형성됩니다. 일상의 대화가 폭력이 되는 순간은 바로 진실을 읽으려는 노력을 포기할 때입니다. 신형철의 이야기처럼 섬세함의 결여가 언어적 폭력을 낳습니다. 누군가의 말이나 행동이 상대방에게 어떻게 받아들여지느냐에 따라, 그것은 상처가 될 수 있고, 아픔이 될 수 있습니다.

비폭력대화(NVC)는 간디의 비폭력운동에 뿌리가 된 '아힘사(Ahimsa)' 정신에서 비롯되었습니다. 비폭력대화의 창시자인 마셜 로젠버그 박사는 '비폭력'이란 단순히 폭력을 억제하는 것이 아니라, 우리 마음속의 폭력이 가라앉고, 본래의 연민으로 돌아가는 자연스러운 상태라고 설명합니다. 연민의 시선으로 세상을 바라본다면 우리는 존재를 있는 그대로 받아들이고 내면의 갈등도 줄일 수 있을 것입니다. 이제 본격적으로 비폭력대화의 핵심 요소를 살펴보겠습니다.

기린과 자칼의 언어

))) 기린의 언어 (((

기린 하면 어떤 이미지가 연상되시나요?

    기린은 풀을 먹는 초식동물이며 성격은 온순합니다. 기린의 키는 약 6~7미터에 달합니다. 이렇게 키가 큰 만큼 머리끝에서 발끝까지 혈액을 순환시키기 위해서는 강력한 심장이 필요합니다. 실제로 기린의 심장은 매우 크고 강력하여 높은 혈압을 유지하게 합니다.

    또한 기린은 목이 길어 넓은 시야를 확보할 수 있습니다. 멀리까지 내다볼 수 있어서 포식자로부터 새끼를 보호하고, 위험을 미리 감지하여 평화롭게 살아갑니다. 이 온순한 기린은 놀랍게도 가시가 많은 아카시아잎을 먹고 삽니다. 그러나 걱정할 필요는 없습니다. 기린의 침에는 가시를 녹이는 성분이 있기 때문입니다.

    우리도 일상에서 가끔 가시 돋친 말을 주고받습니다. 누군가의 말이 날카롭게 느껴질 때, 기린처럼 그 말을 부드럽게 받아들이고 소화할 수 있다면 어떨까요? 그래서 비폭력대화에서는 '기린 대화법'이라는 표현을 사용합니다. 기린처럼 크고 따뜻한 심장을 지니고, 멀리 내다보며, 상처받은 마음을 녹이는 공감의 언어로 대화하는 것, 그것이 바로 비폭력대화의 핵심입니다.

))) 자칼의 언어 (((

비폭력대화에서는 기린과 반대되는 '자칼'이 등장합니다. 자칼은 어떤 특징이 있을까요? 자칼은 몸길이가 60~110센티미터 정도로 개와 비슷한 크기이며, 주로 동물의 사체나 다른 육식동물들이 먹고 남긴 찌꺼기를 먹는다고 하여, '숲속의 청소부'라고 불립니다.

자칼은 공격적이고 영역을 침범당하면 즉각적으로 반응하는 습성이 있습니다. 이러한 특성 때문에 비폭력대화에서는 자칼을 '폭력적인 언어'의 상징으로 사용합니다. 즉 비판적이고 방어적인 말투, 상대방을 비난하거나 명령하는 태도, 감정을 무시한 채 반응하는 방식이 자칼 대화의 특징입니다. 그러나 그것은 위협에 대한 본능적인 반응일 뿐이니 우리가 진정으로 살펴봐야 할 것은 자칼이 울부짖는 이유, 그 뒤에 숨은 두려움과 아픔입니다.

기린과 자칼은 적이 아닙니다. 자칼의 경계심이 기린의 공감을 만나면 대화는 방어에서 이해로 전환됩니다. 비폭력대화는 자칼을 억누르는 게 아니라 그 안에 숨은 메시지를 해석하는 법을 가르칩니다. "왜 지금 자칼이 소리치고 있을까?" 이 질문이 진정한 소통의 시작입니다. 상대방이 공격적으로 반응할 때, 그 말 뒤에 있는 감정과 욕구를 이해한다면 더 깊이 공감할 수 있습니다.

비폭력대화는 기린처럼 따뜻한 마음과 넓은 시야로 상대방을 바라보는 태도에서 시작됩니다. 동시에 자칼의 언어가 작동하는 순간을 인식하고 이를 기린의 언어로 전환하는 연습이 필요합니다. 이제, 우리는 기린과 자칼 중 어떤 언어로 소통할지 선택할 수 있습니다.

진정한 소통을 가로막는 말

"사람들 사이에 섬이 있다." 정현종 시인의 짧은 시구처럼, 우리는 서로 연결되고 싶어 하면서도, 종종 그 사이에 보이지 않는 벽을 쌓아 올립니다. 관계를 가깝게 만들기도 하고 멀어지게도 하는 것은 결국 말입니다.

말 한마디로 마음을 열 수도 있지만, 때로는 무심코 내뱉은 말이 상대방을 섬으로 고립시키기도 합니다. 도덕적인 판단, 강요, 비교, 책임 전가, 당연시하는 말들은 상대를 이해하기보다 평가하고 구분 짓고, 이는 상대를 점점 더 고립시키거나 방어적인 태도를 취하게 합니다. 어떤 말들이 사람들 사이의 소통을 막고, 서로를 단절시키는지 하나씩 살펴보겠습니다.

))) 도덕적 판단 : 옳고 그름의 덫 (((

"그 사람은 너무 무례해."
"넌 왜 그렇게 이기적이야?"
"그건 옳지 않아."

이런 말을 우리는 얼마나 자주 주고받을까요? 무심코 던진 한마디가 상대방을 평가하고 단정 짓는 순간, 소통의 문은 서서히 닫히기 시작합니다.

도덕적 판단은 '옳다/그르다', '좋다/나쁘다'라는 이분법적 잣대로 타인의 행동을 재단하는 것을 말합니다. 자신의 가치관을 기준으로 비난하거나 모욕하거나 꼬리표를 붙이는 행위가 이에 해당합니다. 우리는 종종 단편적인 행동이나 말 한마디로 한 사람 전체를 단정 짓고 규정합니다. 사람은 끊임없이 변화하는 존재입니다. 그러나 우리는 각자의 경험과 신념에 따라 같은 사람을 다르게 평가합니다. 자신이 보고 싶은 대로 보고, 믿고 싶은 대로 믿는 경향이 있습니다.

다른 사람을 비난하거나 '무언가 잘못됐다'는 시선으로 바라볼 때, 그 밑바탕에는 자신의 어떤 욕구가 충족되지 않았기 때문일 가능성이 높습니다. 우리는 종종 상대의 행동이나 생각을 있는 그대로 보지 않고, '이건 맞고 저건 틀려'라고 판단하려 합니다. 하지만 이렇게 도덕적 잣대를 들이대는 순간, 상대방을 방어적으로 만들거나 위축시킵니다.

◎ 가치 중심의 표현과 도덕적 판단의 차이

가치 중심의 표현과 도덕적 판단은 비슷해 보이지만 중요한 차이가 있습니다.

가치 중심의 표현은 삶에서 자신이 소중히 여기는 가치를 인식하고 표현하는 것입니다. 자신의 욕구와 신념을 명확히 하며, 상대를 비판하지 않고 자신의 가치를 중심으로 말합니다. 예를 들어, "나는 평화를 중요하게 여겨", "나에게는 정직한 대화가 중요해"처럼 말입니다.

도덕적 판단은 상대의 성격이나 행동을 비난하는 언어입니다. 평가를 통해 분리와 단절을 초래하는 언어라고 볼 수 있습니다. 예를 들어, "폭력을 쓰는 사람은 나쁜 사람이야", "다른 사람을 죽이는 건 악마 같은 행동이야" 같은 말입니다.

◎ 도덕적 판단을 가치 중심의 표현으로 전환하기

도덕적 판단을 가치 중심의 표현으로 바꾸면, 상대를 비난하지 않고도 자신의 감정과 욕구를 솔직하게 표현할 수 있습니다.

• 도덕적 판단 : "폭력을 쓰는 사람은 나쁜 사람이야."
• 가치 중심의 표현 : "나는 갈등을 평화롭게 해결하는 것이 중요하다고 생각해. 폭력이 사용될 때면 걱정되고 두려워."

• 도덕적 판단 : "다른 사람을 죽이는 건 악마 같은 행동이야."
• 가치 중심의 표현 : "나는 모든 생명이 소중하다고 믿어. 그래서 사람을 해치는 행동을 보면 깊은 슬픔과 불안을 느껴."

비폭력대화에서는 옳고 그름의 기준을 넘어, 그때 나에게 '무엇이 중요했을까?' 이런 마음가짐을 강조합니다. 판단을 멈추고, 그 말 뒤에 숨은 느낌과 욕구를 들여다볼 때 진정한 소통의 길이 열립니다.

))) 비교하는 말 (((

"너는 왜 네 친구만도 못하니!"
"언니는 성적이 올랐다는데, 너는 아직도 그 자리야?"

이런 말을 들었을 때 어떤 기분이 드나요? 비교는 때때로 동기부여할 수 있지만 대부분의 경우 상처를 남깁니다. 비교되는 순간, 우리는 자신의 가치를 부정당한 것처럼 위축되거나 반대로 반발심이 생기기도 합니다.

우리는 누구와도 비교될 수 없는 고유한 존재입니다. 각자 자신만의 색깔과 향기를 지니고 있으며, 각기 다른 속도로 성장해갑니다. 그러나 어렸을 때부터 우리는 크고 작은 비교 속에서 자라왔습니다. 형제자매, 친구, 이웃과 비교되며 자신이 충분하지 않다고 느낀 경험이 있을지도 모릅니다. 이런 경험이 반복되면, 우리는 남과 자신을 비교하는 것에 익숙해지고, 무의식적으로 타인을 기준 삼아 나를 평가하게 됩니다.

비교가 습관이 되면, 단순히 나 자신을 평가하는 데서 끝나지 않습니다. 외모, 학업, 직업, 능력 등 다양한 기준을 통해 다른 사람을 바라보며 우열을 따지게 됩니다. '누가 더 잘하는가?', '누가 더 성공했는가?' 같은 질문이 떠오를 때 우리는 알게 모르게 경쟁심을 갖게 되고,

그 경쟁심은 열등감이나 우월감으로 이어지기도 합니다.

남과의 비교는 자신을 낮추거나, 타인을 깎아내리는 결과를 초래할 수 있습니다. 비교가 지속되면 타인을 진심으로 응원하거나 공감하는 것이 어려워집니다. 비교 없이 나와 타인을 있는 그대로 바라볼 때 우리는 자신에게 만족하고 보다 생동감 있는 삶을 살아갈 수 있습니다. 중요한 것은 타인과의 경쟁이 아니라, 나만의 길을 발견하고 나답게 성장하는 것이 아닐까요?

))) 강요하는 말 (((

"너 엄마 올 때까지 문제집 다 풀어놔."
"이거 당장 해! 안 그러면 큰일 날 줄 알아."

강요는 말 그대로 부탁이 아니라 일방적인 지시입니다. 요청을 거절하면 대가를 치르게 될 것이라는 암시를 담고 있으며, 상대의 마음과 상황을 고려하지 않고 억지로 따르게 만드는 방식입니다.

강요를 당하면 어떨까요? 마음이 내키지 않는데 자꾸 강요하면 오히려 하기 싫어지고 반항심이 생깁니다. 순간적으로 시키는 대로 할 수는 있지만, 자율성이 무시되면 스스로 하려는 동기가 사라집니다.

강요는 스트레스와 반발심을 키웁니다. 계속된 강요 속에서 자란 아이는 점점 무기력해지고 좋아하던 일에서도 흥미를 잃게 됩니다. 마지못해 하다 보면 수동적인 태도가 점점 습관이 되기도 합니다. 강요는 상대의 자유와 즐거움을 빼앗을 수도 있습니다. 명령 대신 대화를 통해 상대의 입장을 먼저 들어보려는 노력이 필요합니다.

"방 청소 당장 안 하면 외출 금지야!"
→ "방이 정리되면 더 쾌적하게 쉴 수 있을 것 같은데, 언제쯤 할 수 있을까?"

이처럼 상대가 주체적으로 결정할 수 있도록 선택권을 주고 수용하는 태도가 중요합니다. 상대의 자율성을 존중할 때 진정한 동기와 책임감이 생길 수 있습니다.

))) 책임을 전가하는 말 (((

인간은 공동체 안에서 영향을 주고받으며 살아갑니다. 그러다 보면 갈등이 생기기 마련인데, 이를 해결하는 과정에서 자신의 행동에 대한 책임을 타인이나 외부 요인으로 돌리는 경우가 많습니다. 예를 들어, "엄마가 학원에 가라고 해서 가는 거예요", "친구가 PC방에 가자고 해서 갔을 뿐이에요" 같은 말은 자신의 행동을 타인의 결정에 따른 결과로 설명하며, 스스로의 책임을 부정하는 방식의 말입니다. 이러한 책임 전가는 사회적으로도 자주 나타납니다.

"다들 그렇게 하니까 나도 하는 거야."
"규칙이 원래 이래서 어쩔 수 없어."
"상사가 시켜서 한 거야."
"우리 부모님이 원하는 길이니까 따르는 거야."

이러한 말들에는 자기 욕구를 외면한 채 사회적 압력, 권위, 관행에 따라 결정했다는 태도와 생각이 담겨 있습니다. 우리는 종종 사회적 관습이나 규범을 무의식적으로 따르며, 그 과정에서 자신의 말과 행동에 대한 책임을 인식하지 못할 때가 많습니다. 이러한 사고방식이 지속되면, 점차 자신의 선택을 자각하지 못하고 타인의 기대나 환경에 휩쓸리게 됩니다. 결국 스스로 선택하고 결정하는 능력이 약해지고 삶을 능동적으로 살아가기 어려워질 수 있습니다.

◎ 책임 전가가 위험한 이유

책임을 전가하는 말은 '내가 주체가 아니라 타인이 주체다'라는 메시지를 담고 있습니다. 이러한 태도가 지속되면, 중요한 결정을 내릴 때 타인의 의견에 맹목적으로 따르거나 불만이 있어도 남 탓만 하며 자신의 몫이 아닌 것처럼 행동하려는 경향이 나타납니다.

◎ 책임 전가에서 벗어나기 위한 질문들

책임을 타인에게 넘기지 않으려면, 자신에게 다음과 같은 질문을 던져볼 수 있습니다.

"나는 이 행동을 왜 하는가?"
"정말 '해야만 하는 일'인가, 아니면 '선택할 수 있는 일'인가?"
"만약 내가 선택한다면, 어떤 선택을 하고 싶은가?"

"내 행동이 타인에게 미치는 영향은 무엇인가?"

"해야만 한다"가 아니라 "나는 ~하기로 선택했다"라고 표현할 때, 우리는 삶의 주도권을 다시 찾을 수 있습니다. 자신의 행동을 타인 때문이 아니라 '내가 선택한 일'로 받아들일 때, 그 행동의 의미를 더 깊이 이해하고 자율성이 높아질 수 있습니다.

))) 당연하게 여기는 말 (((

우리는 주어진 환경 속에서 각자의 역할과 책임을 당연하게 여기곤 합니다. 부모, 학생, 친구, 동료 등 관계가 가까울수록 상대의 행동을 특별한 노력이라기보다 마땅히 해야 할 일로 생각하기 쉽습니다. 부모는 자식을 위해 희생하는 것을 의무로 여기고, 학생은 공부하는 것이 본분이라고 여기는 것처럼 말입니다. 하지만 사람이 하는 모든 행동에는 저마다의 의미와 노력이 담겨 있습니다. 그 노력을 인정하지 않고 당연하게 받아들이면, 상대는 소외감을 느끼거나 상처를 받을 수 있습니다.

예를 들어, 아침마다 엄마가 가족을 위해 일찍 일어나 아침을 준비한다고 가정해보겠습니다. 자식이 "엄마니까 당연히 해주는 거 아니야?"라고 말한다면 엄마의 노력은 존중받지 못한 채 부담스러운 의무로 여겨질 것입니다. 반면, "엄마, 항상 아침을 챙겨줘서 고마워요. 덕분에 든든하게 먹고 힘내서 학교 갈 수 있어요"라고 감사함을 표현한다면, 똑같은 행동이라도 그 의미가 많이 달라집니다.

상대의 행동을 당연하게 여기지 않고 감사함을 표현하면, 관계는 더욱 깊어지고 서로의 노력도 존중받습니다. 일상에서 작은 행동에도 의미를 부여하고 이를 소중하게 바라보는 태도가 중요합니다.

◎ 상과 벌로 판단하는 사고방식은 연민을 가로막는다

"누구는 무엇(상과 벌)을 받아야 마땅하다'라는 사고방식은 연민의 대화를 막는다"라고 마셜 로젠버그는 말합니다. '이 행동을 했으니 반드시 보상을 받아야 한다', 또는 '이런 잘못을 했으니 벌을 받아야 마땅하다'고 생각할 때 우리는 상대방을 있는 그대로 보기보다 판단하고 평가하게 됩니다. 예를 들어, "네가 늦잠을 잤으니 벌로 청소해야 해." 이렇게 표현할 때 상대는 자신의 행동을 돌아보기보다, 벌을 피하는 것에 집중하게 됩니다.

"그 친구는 상을 받을 자격이 있어"라고 하면 반대로 상을 받지 못한 사람은 '자격이 없었다'고 여겨질 수 있습니다. 이는 열등감이나 과도한 경쟁심을 유발할 수 있습니다.

"저 사람은 나한테 잘못했으니 사과해야 마땅해"라는 표현은 상대가 사과하지 않으면 분노와 원망이 더 깊어지고, 그 사람을 이해하려는 노력은 줄어듭니다.

이러한 사고방식이 강할수록 상대방을 한 존재로 보기보다, 자신의 기대에 부합하는지로 평가하게 됩니다. 그러나 연민을 바탕으로 한 대화에서는 '그 사람이 왜 그렇게 행동했을까?', '어떤 감정을 느낄까?'를 들여다보려는 태도가 필요합니다.

상과 벌을 기준으로 관계를 바라보면 점차 공감은 사라지고, 서로를 평가하게 됩니다. 반대로, 상대의 행동 뒤에 있는 감정을 이해하고 공감하려 할 때 진정한 소통이 이루어질 수 있습니다.

비폭력대화의 핵심은 상대와 깊이 공감하며 소통하는 것입니다. 대부분의 사람들이 서로를 존중하고 이해하는 관계를 원하지만, 실제 대화에서는 종종 오해가 생기거나 감정이 상하는 경우가 많습니다. 보다 친밀한 유대관계를 형성하기 위해서는 관찰, 느낌, 욕구, 부탁이라는 네 가지 요소가 중요합니다. 이 요소를 바탕으로 '솔직하게 말하기'와 '공감하며 듣기'를 실천한다면 더 원활하고 깊이 있는 소통이 가능해집니다.

이러한 대화 방식이 일상에서 자연스럽게 이루어진다면 이상적이겠지만, 우리는 오랜 습관과 환경 속에서 형성된 패턴 때문에 비폭력대화가 처음에는 익숙하지 않을 수 있습니다. 단순해 보이지만, 실제로 적용하려면 연습과 의식적인 노력이 필요합니다.

ned
2

NVC의 첫걸음
관찰

딸을 위한 시

/ 마종하 /

한 시인이 어린 딸에게 말했다.
'착한 사람도, 공부 잘하는 사람도 다 말고
관찰을 잘하는 사람이 되라고.
겨울 창가의 양파는 어떻게 뿌리를 내리며
사람들은 언제 웃고, 언제 우는지를.
오늘은 학교에 가서
도시락을 안 싸온 아이가 누구인지 살펴서
함께 나누어 먹기도 하라고.

관찰을 잘하려면 마음에 여백이 필요합니다. 그 여백에 햇빛과 바람을 들이고, 누군가의 눈물과 웃음을 담아내고, 그들의 목소리에 귀를 기울이면 대상에게 한 걸음 다가서게 됩니다. 겉으로 보이는 현상을 통과하여 내면의 문을 두드리게 됩니다. 세상에 대해 관심을 갖고 세심하게 살펴보는 일은 사소한 것 같지만 매우 중요합니다. 생명체들은 겨울을 어떻게 견디어내는지, 사람들이 언제 웃고 언제 우는지, 어느 사람이 혼자 쓸쓸해하는 건 아닌지 하나하나 표정을 읽어내는 일이 우리의 일상이 된다면 그보다 아름다운 삶은 없을 듯합니다.

관찰이라는 단어를 풀어보면 '보다'의 의미를 지닌 관(觀)과 '살피다'의 의미를 지닌 찰(察)이 결합한 것입니다. 즉 '보고 살피다'라는 뜻을 지니며, 단순히 바라보는 것이 아니라 주의 깊게 헤아리고 이해하는 과정까지 포함됩니다. 사전적으로 관찰은 '사물이나 현상을 주의하여 자세히 살펴봄'을 의미합니다. 이를 통해 우리는 관찰이 단순히 시각적인 행위를 넘어, 대상에 대한 따뜻한 관심을 가지고 오래도록 주의 깊게 살펴보는 과정임을 깨닫게 됩니다. 비폭력대화에서 말하는 관찰은 단순한 '보기'가 아니라 '깊이 있는 이해'를 위한 출발점인 셈입니다.

보이는 대로, 들리는 대로
관찰

))) 관찰이 중요한 이유 (((

관찰은 비폭력대화의 첫 번째 요소입니다. 비폭력대화에서 관찰이란, 우리가 본 것과 들은 것을 최대한 객관적이고 구체적으로 표현하는 것을 의미합니다. 마치 사진을 찍듯 있는 그대로 전달하는 것이 중요합니다. 여기에 자신의 판단이나 해석이 섞이면, 듣는 사람은 이를 비판으로 받아들이기 쉽습니다. 또한 방어적인 태도를 보이거나 변명하고 싶은 충동을 느낄 수 있습니다. 그뿐만 아니라, 말하는 사람 역시 마음이 불편해집니다. 평가 섞인 말을 계속 반복하다 보면 자신이 내뱉은 말을 사실로 믿어버리는 경향이 생기기 때문입니다. 이러한 경험이 쌓이면 특정한 사람을 고정된 시각으로 바라볼 가능성이 커집니다.

특히 가까운 사람일수록, 실제로 보고 듣는 것보다 자신이 보고 싶은 대로 해석하는 경우가 많습니다. 이미 머릿속에 그에 대한 이미지가 굳어져 있기 때문입니다. 사람을 단 하나의 단어로 규정할 수는 없습니다. '성실한 사람', '게으른 사람', '친절한 사람' 같은 표현은 특정한 순간의 모습일 뿐, 그 사람이 항상 그렇다고 단정할 수는 없습니다. 사람의 말과 행동은 상황과 조건에 따라 변하기 마련입니다. 우리는 한번 형성된 인식에 쉽게 갇혀버리고, 상대방을 기존의 틀 안에만 가두려는 경향이 있습니다. 이는 상대방을 있는 그대로 이해하는 것을 어렵게 하고, 대화를 단절시키기도 합니다.

))) 평가하지 않는 관찰이 어려운 이유 (((

어떤 상황을 보거나 들을 때, 평가 없이 묘사하기가 쉽지 않습니다. 왜냐하면 우리는 각자 살아온 경험과 익숙한 언어 습관 속에서 자동으로 평가하기 때문입니다. 어떻게 하면 평가를 배제하고 있는 그대로 관찰할 수 있을까요? 먼저, 자신의 말이나 생각에 평가가 섞여 있는지 인식하는 것이 중요합니다. '그는 무례해'라는 생각이 들었다면, '그가 내 말을 끊고 자신의 이야기를 30분 동안 이어갔다'처럼 구체적인 행동으로 바꾸어 표현해보는 것입니다. 이처럼 평가와 관찰을 구분하는 연습을 하다 보면, 우리가 무의식적으로 덧붙이는 판단을 줄이고 보다 객관적으로 상황을 바라볼 수 있습니다. 이러한 개념을 명확하게 이해하려면 연습이 필요합니다.

연습 1 평가와 관찰 구별하기

다음 문장들 중 평가가 섞이지 않은 '관찰'로 표현된 문장을 골라보세요. 또한 평가가 포함된 문장은 '관찰'의 언어로 바꾸는 연습도 해보세요.

1. 교장선생님은 지난주 월요일에 출근을 안 하셨다.

2. 우리 엄마는 게으르다.

3. 그 사람은 내가 이야기할 때 고개를 숙이고 휴대전화를 보았다.

4. 너는 친절한 친구다.

5. 우리 부장은 성격이 부드럽다.

6. 선영이는 컴퓨터를 보면서 머리끝을 손으로 돌돌 말고 있었다.

7. 어제저녁에 할머니는 욕실에서 세수를 하다가 미끄러져 넘어지셨다.

8. 그 친구는 너무 일방적이라서 피곤해.

9. 부장님은 오늘 아침, 출근할 때 손에 커피를 들고 오셨다.

10. 그 사람은 은근히 괴팍한 데가 있어.

그림책 속에서 발견하는 관찰의 힘
하루거리

《하루거리》_김휘훈 글그림(그림책공작소, 2020)

))) 따뜻한 시선으로 바라보기 (((

《하루거리》는 작가가 4년에 걸쳐 구상한 작품이라고 합니다. 채색을 가하지 않은 수묵화로 그려서인지 은은하고 정갈한 멋이 풍기는 그림책입니다. 여백의 아름다움에 대비되어 인물들의 움직임이 더욱 생생하게 살아납니다. '하루거리'는 오랜 질병인 말라리아의 일종, 학질의 옛말입니다. 조선 시대, 구한말, 6·25 전후로 성행했습니다. 자주 굶거나 위생이 좋지 않을수록 많이 걸렸습니다. 이 병은 하루걸러 증상이 반복된다고 해서 '하루거리'라고 이름을 붙였습니다.

책 표지에는 두 소녀가 서로 마주 보고 있습니다. 하얀 저고리를 입은 모습을 보니 오래전의 이야기가 펼쳐질 듯합니다. 둘 다 놀라는 표정을 짓고 있습니다. 그러나 두 소녀가 놀란 이유는 서로 다른 듯합니다. 머리가 잔뜩 헝클어진 소녀를 바라보며 걱정스러운 눈빛을 보내는 소녀, 그리고 그 눈빛의 의미를 묻듯 호기심 어린 표정을 짓는 소녀. 두 소녀 사이에 어떤 일들이 일어날까요?

책장을 넘기면, 걱정스러운 눈빛으로 바라보던 소녀의 곁에는 또 다른 친구들이 무리를 지어 활짝 웃고 있습니다. 그러나 저편에는 헝클어진 머리의 소녀가 자기와는 다른 세계에 있는 그들을 신기하고 놀라운 표정으로 바라봅니다.

헝클어진 머리를 한 소녀의 이름은 순자. 순자는 큰집에서 더부살이를 합니다. 어머니와 아버지를 일찍 여의어 동생들과도 '뿔뿔이 흩어져' 살아야 했습니다. 왼발을 절름거리는 몸으로 광주리를 이고 다니며 나물을 팔아야 하는 순자. 순자는 집안일을 하느라 쉴 틈이 없습니다. 게다가 하루거리까지 걸려 힘겹게 하루하루를 버텨내고 있습니다.

))) 관찰이 만들어낸 변화 (((

순자의 모습을 유심히 관찰하는 소녀가 있습니다. 책 표지에서 이미 만났던 그 소녀, 분이입니다. 동무들과 어울리는 분이의 시선은 순자가 가는 곳마다 따라갑니다. 시선이 간다는 건 마음이 간다는 것이고 마음이 간다는 건 순자의 삶에 관심을 품게 되었다는 의미일 것입니다. 분이는 사려 깊은 관찰을 통해 순자의 일상을 간접적으로 경험합니다. 물이 가득 담긴 양동이 두 개가 달린 물지게를 지고 가는 순자의 삶의 무게가, 분이의 어깨에도 슬며시 내려앉습니다.

이제 분이의 시선은 동무들의 시선으로 확장됩니다. 나물을 뜯다가도 문득 우물 안을 들여다보고, 미나리를 베다가도 달구지 위에 누워 꼼짝 않는 순자의 모습을 동무들은 세심하게 바라봅니다. 사람의 모든 행동에는 다 그만한 이유가 있습니다. 동무들은 오래도록 관찰하면서 순자의 갑작스러운 행동을 조금씩 이해하기 시작합니다. 그리고 마침내 순자가 하루거리에 걸렸다는 사실을 알게 됩니다.

이윽고 동무들은 순자의 고통을 함께 나누기 위해 순자의 삶 속으로 들어갑니다. 관찰자의 시선에서 순자가 겪고 있는 현실 속으로 직접 뛰어든 것입니다. 순자를 돕는 아이들의 순수한 마음이 익살스럽고 따뜻하게 표현되어 책을 읽는 내내 미소 짓게 만듭니다.

분이의 주의 깊은 관찰은 동무들과 순자의 삶에 변화를 일으켰습니다. 순자가 처음으로 동무들과 해가 저물도록 놀 수 있었던 건 깊이 헤아리려는 관찰자의 마음 덕분이지 않을까요? 그러기에 주관적인 평가 없이 순자의 배경을 있는 그대로 받아들일 수 있었고, 그녀의 삶을 조금 더 깊이 이해할 수 있었던 것입니다. 관심 있게 지켜본다는 건 단순히 겉모습뿐 아니라 마음의 선을 따라 함께 움직이는 것이니까요. 관찰을 통해 상대방의 삶을 이해하게 된다는 것을 이 그림책이 보여주고 있습니다.

나에 관한 중요한 사실 찾기
중요한 사실

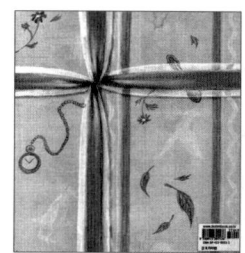

《중요한 사실》_마거릿 와이즈 브라운 글, 최재은 그림, 최재숙 옮김(보림, 2005)

주황색 끈을 이용하여 리본처럼 묶은 책 표지가 인상적입니다. 선물을 받은 듯한 기분이 듭니다. 책의 중간 부분에 메모지처럼 붙여놓은 '중요한 사실'이라는 제목이 보입니다. 표지의 넓은 공간에는 고양이, 우산, 신발, 풀, 집처럼 우리 주변의 익숙한 것들이 흩어져 있습니다. 이 그림들을 보니 어떤 이야기들이 펼쳐질지 궁금해집니다. 포장지 같은 겉표지를 열면 선물을 푸는 듯한 기분이 들고, 그 안에는 두꺼운 책이 놓여 있습니다. 이 책에는 어떤 '중요한 사실'이 담겨 있을까요?

    이 책은 세상을 이루는 모든 존재에 각자의 이유와 목적이 있음을 강조합니다. 작가는 각 사물과 자연 현상을 보이는 그대로 표현하고, 평가 없이 묘사하는 방식으로 서술합니다. 아무리 작은 것이라도 각자 고유의 빛깔과 특성이 있습니다. 설명하는 과정에서도 사실적이고 객관적인 관점을 유지하며, 존재를 있는 그대로 담아냅니다. 언제나 그곳에 있어 당연하게 마주하는 것들의 존재 의미를 새롭게 발견하는 기쁨을 느끼게 해줍니다.

숟가락에 관한 중요한 사실은
숟가락으로 밥을 먹는다는 거야.
숟가락은 작은 삽처럼 생겼고,
손에 쥐는 것이고, 입에 넣을 수 있고,
숟가락은 납작하지 않고, 숟가락은 오목하고,
그리고 숟가락으로 뭐든지 뜨지.
하지만 숟가락에 관한 중요한 사실은
숟가락으로 밥을 먹는다는 거야.

비에 관한 중요한 사실은
비가 모든 걸 촉촉이 적신다는 거야.
비는 하늘에서 내려오고, 빗소리를 내고,
빗물로 모든 것을 반짝이게 하고,
비는 아무런 맛도 나지 않고, 아무런 색깔도 없어.
하지만 비에 관한 중요한 사실은
비가 모든 걸 촉촉이 적신다는 거야.

《중요한 사실》 중에서

숟가락, 신발 같은 사물에서 시작해 데이지나 풀과 같은 식물, 그리고 비, 눈, 바람, 하늘 같은 자연 요소까지…… 이 책은 익숙한 우리 주변을 다시 바라보게 합니다. 반복적인 문장은 마치 노래처럼 리듬감을 더하며, 한 편 한 편이 부드러운 울림을 남깁니다. 특히 이 책은 대상을 그림 그리듯이, 보이는 그대로 표현했습니다. 시각적인 요소뿐만 아니라 소리, 냄새, 촉감 등 다양한 감각을 활용하여 사물과 자연을 더욱 생생하게 전달합니다. 덕분에 평범해 보이던 것들이 새로운 모습으로 다가오고, 미처 보지 못했던 면들을 발견하게 됩니다.

어떤 대상이든 따뜻한 관심을 두고 오랫동안 바라보면, 예상치 못한 새로운 면이 발견됩니다. 때로는 익숙했던 것이 낯설게 느껴지기도 하고, 전혀 다른 시각으로 이해되기도 합니다. 이렇듯 주의 깊게 관찰하는 과정은, 단순한 '보기'를 넘어 사물의 본질을 통찰하는 경험으로 이어집니다.

))) 나 자신에 대한 '중요한 사실'은 무엇일까? (((

자연과 사물에 관한 중요한 사실들을 하나씩 깨달아가다 보면, 마지막 장면에서 우리는 '너에 관한 중요한 사실은 무엇일까?'라는 질문을 만납니다. 앞서 등장했던 그림들이 액자 속에 담겨 있고, 그 가운데에는 실제 거울이 붙어 있습니다. 그 거울에 비친 것은 다름 아닌 바로 '나' 자신. 그러나 막상 이 질문 앞에 서면, 선뜻 답하기가 쉽지 않습니다. 앞서 본 숟가락, 신발, 바람, 비에 대한 중요한 사실들은 금방 떠올릴 수 있지만, 정작 '나'에 대한 중요한 사실을 말하려니 머뭇거리게 됩니다. 문득 거울 속 나의 모습이 낯설게 느껴지기도 합니다.

그리고 책은 마지막으로 이렇게 말합니다.

"너에 관한 중요한 사실은 바로 너라는 거야."

이 짧은 한 문장이 깊은 울림으로 다가옵니다. 지구 전체를 돌고 돌아 결국 '나'라는 존재 앞에 서게 된 순간. 우리는 정말로 '나'에 대해 잘 알고 있을까요? 내가 좋아하는 것, 나를 기쁘게 하는 것, 나를 편안하게 만드는 것, 나의 감정을 솔직하게 표현하는 방법……. 이 모든 것에 대해 우리는 얼마나 깊이 생각해보았을까요? 이제, '나'에 대한 중요한 사실을 찾아볼 시간입니다.

))) 나에 관한 중요한 사실 찾기 (((

평소 '나'에 관한 중요한 사실을 생각해본 적이 있나요?
나는 무엇을 중요하게 생각하는지?
나는 언제 편안함을 느끼는지?
나는 무엇을 할 때 행복한지?
나는 누구와 있을 때 소통이 잘되는지?

평가나 판단 없이 '나'에 관한 중요한 사실을 적는 연습을 해보세요. 그리고 주변에 있는 사물이나 친구, 가족을 골라 그것에 관한 중요한 사실을 관찰하는 연습도 함께 하면 좋겠습니다.

3

NVC의 나침반
느낌

여인숙

/ 잘랄루딘 루미 /

인간은 여인숙이다.
매일 아침 새로운 손님이 온다.

기쁨, 절망, 슬픔,
순간을 비추는 작은 깨달음
이 모든 것이 뜻밖의 손님처럼 찾아온다.

모든 손님을 기꺼이 맞이하라!
설령 그들이 슬픔의 무리여서,
집안을 거칠게 휩쓸고 다니며

가구를 다 털어간다 해도,

손님 하나하나를 정중히 맞이하라.
그는 어쩌면 당신의 마음을 깨끗이 비워
새로운 기쁨을 채워줄 안내자일지도 모르니.

어두운 상념, 부끄러운 마음, 악한 감정까지도,
모두 문 앞에서 미소로 맞이하여
집 안으로 초대하라.
누가 찾아오든, 그 모든 존재에게 감사하라.

그들은 모두, 저 너머에서 당신에게 보내진
소중한 안내자이다.

    루미의 시에서 삶은 여인숙에, 우리의 감정은 그 여인숙을 찾는 손님에 비유됩니다. 우리는 매 순간 다양한 감정과 함께 살아갑니다. 기쁨과 설렘, 분노와 슬픔, 후회와 절망 같은 감정들이 예고 없이 찾아오고, 때때로 그 감정들을 제대로 인식하지 못한 채 흘려보내곤 합니다.
    그러나 감정은 단순한 순간적인 반응이 아니라, 우리의 존재를 가장 솔직하게 드러내는 안내자입니다. 생각이나 신념, 욕망에는 타인의 의견이나 사회적 기준이 내 것인 양 스며들기도 합니다. 우리는 간혹 남의 생각을 내 생각처럼 말하고, 타인의 욕망을 내 욕망인 줄 알고 살아가기도 합니다.
    하지만 감정만큼은 다릅니다. 감정은 온전히 나의 것입니다. 남이 대신 느껴줄 수도 없고, 억지로 밀어낼수록 더욱 강렬해질 뿐입니다. 우리는 얼마나 이런 감정에 귀 기울이며 살아가고 있을까요?

몸과 마음이 보내는 신호
느낌

))) 느낌을 알아차리는 순간, 변화가 시작된다 (((

오늘 아침, 눈을 떴을 때 어떤 기분이 들었나요? 우리는 감정을 느끼지만, 그 감정들이 삶에 얼마나 큰 영향을 끼치는지 잊고 살아갈 때가 많습니다. 비폭력대화의 두 번째 요소는 느낌입니다. 느낌은 어떤 자극을 경험했을 때 몸과 마음에서 일어나는 반응입니다. 우리는 사소한 일부터 커다란 혼란에 이르기까지 수많은 자극을 받으며 살아갑니다. 자신의 내부에서 일어나는 감정을 알아차리게 되면 마음에 틈이 생깁니다. 이 틈은 우리에게 선택할 기회를 줍니다. 느낌을 인식하지 못하면, 우리는 감정에 휩쓸려 무의식적으로 반응할 수밖에 없습니다. 그러나 느낌을 알아차리는 순간, 우리는 더 이상 감정에 끌려가지 않고 스스로를 돌보고 또 다른 방식으로 반응할 수 있습니다.

또한 느낌은 단순한 감정의 변화가 아니라, 우리에게 무엇이 필요한

지를 일깨워주는 역할을 합니다. 예를 들어 피곤함을 느낀다면 휴식이 필요하다는 신호일 것이고, 외로움을 느낀다면 타인과의 연결과 교감이 필요하다는 마음의 메시지일 것입니다. 더 나아가 자신의 느낌을 이해할수록 필요한 것을 얻을 가능성이 높아집니다. 자신의 감정을 정확히 알아야 표현할 수 있고, 스스로에게 또는 다른 사람에게 도움을 청할 수 있습니다. 우리는 감정을 통해 자신이 진정 원하는 것이 무엇인지 깨닫고 그것을 채울 수 있는 방향으로 나아갑니다.

그뿐만 아니라, 감정은 말로 표현하지 않아도 자연스럽게 드러나기에 주변 사람들에게 영향을 미칩니다. 어떤 사람은 말을 하지 않아도 불편함이 느껴질 때가 있고, 어떤 사람은 함께 있는 것만으로도 편안함을 줍니다. 그 이유는 바로 느낌이 표정이나 몸짓, 행동으로 전달되기 때문입니다. 우리가 느낌을 알아차리고 솔직하게 표현할 때 자신뿐 아니라 주변 사람들과의 관계도 보다 의미 있게 연결될 수 있습니다. 그러므로 느낌을 인식한다는 건 단순한 감정 조절을 넘어, 자신을 이해하고 타인과 소통하는 데 필요한 핵심 요소입니다.

))) 느낌과 생각을 구별하는 일 (((

우리는 일상에서 느낌처럼 보이지만 사실은 느낌이 아닌 말들을 자주 사용합니다. 예를 들면, "나는 무시당한 것 같아", "저 사람은 나를 싫어하는 느낌이야". 이런 문장들은 느낌이 아니라, 내가 경험한 상황에 대한 해석과 판단이 담긴 표현입니다.

그러나 비폭력대화를 배우지 않은 사람들에게는 이러한 구별이 어려울 수 있습니다. 실제로 비폭력대화를 처음 접하는 사람들은 "느낌과 평가를 구별하는 게 너무 어렵다!"라며 난감한 표정을 짓곤 합니다. 이는 오랫동안 마음 상태를 깊이 들여다보는 경험 없이 살아왔기 때문입니다. 마음 안에서 일어나는 감정의 이름을 불러주지 못한 채 그저 흘려보내곤 했습니다. 하지만 그 감정 하나하나에 이름을 찾아 불러주는 순간, 새로운 세계의 문을 여는 경험을 하게 됩니다. 그것은 마치 처음으로 언어를 배우는 아이처럼 내면의 소리를 듣고 이해하는 과정에서 느끼는 놀라운 경험입니다.

다음은 비폭력대화에서 쓰는 느낌말 목록입니다.

))) 느낌말 목록 (((

○ 욕구가 충족되었을 때

감동한, 뭉클한, 감격스러운, 벅찬, 환희에 찬, 황홀한, 충만한, 고마운, 감사한, 즐거운, 유쾌한, 통쾌한, 흔쾌한, 경이로운, 기쁜, 반가운, 행복한, 따뜻한, 산뜻한, 감미로운, 포근한, 푸근한, 사랑하는, 훈훈한, 정겨운, 친근한, 뿌듯한, 만족스러운, 상쾌한, 흡족한, 개운한, 후련한, 든든한, 흐뭇한, 홀가분한, 편안한, 느긋한, 들뜬, 담담한, 친밀한, 친근한, 긴장이 풀리는, 차분한, 안심이 되는, 가벼운, 평화로운, 누그러지는, 고요한, 여유로운, 진정되는, 잠잠해진, 평온한, 흥미로운, 재미있는, 끌리는, 활기찬, 짜릿한, 신나는, 용기 나는, 기력이 넘치는, 기운이 나는, 당당한, 살아 있는, 생기가 도는, 원기가 왕성한, 자신감 있는, 힘이 솟는, 흥분된, 희망에 찬, 두근거리는, 기대에 부푼

◯ 욕구가 충족되지 않았을 때

걱정되는, 까마득한, 암담한, 울화가 치미는, 근심하는, 무서운, 신경 쓰이는, 뒤숭숭한, 섬뜩한, 오싹한, 겁나는, 두려운, 허한, 진땀 나는, 주눅 든, 막막한, 불안한, 조바심 나는, 긴장한, 떨리는, 조마조마한, 초조한, 분한, 불편한, 거북한, 겸연쩍은, 곤혹스러운, 멋쩍은, 쑥스러운, 괴로운, 난처한, 답답한, 갑갑한, 서먹한, 어색한, 찜찜한, 슬픈, 그리운, 목이 메는, 먹먹한, 서글픈, 서러운, 쓰라린, 울적한, 참담한, 한스러운, 비참한, 속상한, 안타까운, 애석한, 낙담한, 섭섭한, 외로운, 고독한, 공허한, 허전한, 허탈한, 쓸쓸한, 우울한, 무력한, 무기력한, 침울한, 피곤한, 노곤한, 따분한, 맥 빠진, 귀찮은, 놀란, 지겨운, 절망스러운, 실망스러운, 좌절한, 힘든, 무료한, 지친, 심심한, 멍한, 지루한, 민망한, 혼란스러운, 당혹스러운, 부끄러운, 화나는, 열받는, 약 오르는, 짜증 나는, 억울한, 김빠진, 염려되는, 서운한

◯ 느낌으로 혼동하기 쉬운 말

강요당한, 거절당한, 공격당한, 궁지에 몰린, 따돌림당한, 배신당한, 버림받은, 오해받은, 위협당한, 의심받은, 무시당한, 이용당한, 인정받지 못한, 조종당하는, 학대받은, 협박당한, 착취당한, 방해받은

감정, 삶의 안내자
감정 호텔

《감정 호텔》_ 리디아 브란코비치 글그림, 장미란 옮김(책읽는곰, 2024)

이번에는 《감정 호텔》이라는 그림책을 만나보겠습니다. 앞서 소개한 잘랄루딘 루미의 시에서는 감정을 여인숙을 찾는 손님에 비유했다면 이번에는 호텔 주인의 입장에서 감정 손님을 맞이해보겠습니다. 감정과 호텔의 결합이 생소하기도 합니다. 그러나 그림책의 표지에는 별빛이 반짝이는 밤하늘을 배경으로 형형색색의 건물이 선명하게 보입니다. 호텔의 외관은 밝고 경쾌한 느낌을 주지만, 내부는 어떤 모습일까요? 호텔 앞에는 다양한 빛깔의 여행자 차림을 한 손님들이 서성이고 있습니다.

))) 감정 손님을 맞이하는 호텔 지배인 (((

감정 호텔에는 다양한 감정을 돌보는 지배인이 있습니다. 그는 매일 아침, 오늘은 어떤 감정이 찾아올지 모른다는 생각에 설렙니다. 어떤 감정은 무척 재미있고, 어떤 감정은 까다롭고, 또 어떤 감정은 마음을 크게 뒤흔듭니다. 하지만 지배인은 그 어떤 감정도 돌려보내지 않습니다. 모두 호텔에 머물 수 있도록 환영합니다.

호텔 로비에는 다양한 모양과 색깔의 감정 손님들이 들어와 있습니다. 그들은 각자 고유한 특성을 지니고 있습니다.

슬픔은 욕실에 물이 넘쳐흘러 아래층까지 스며들게 하곤 합니다. 또한 목소리가 아주 작아, 귀 기울이지 않으면 그의 말을 듣기 어렵습니다. 그럴수록 슬픔은 쉽게 떠나지 못하고 오래 머무릅니다. 분노는 벽이 흔들릴 정도로 소리를 지르기에 넓은 방이 필요합니다. 만약 작은 방에 가둬놓으면 죄책감, 우울감, 수치심 같은 또 다른 감정을 불러오기도 합니다. 여러분은 분노 손님에게는 어떤 방을 내주고 있나요?

지배인은 자신을 찾아오는 감정들을 세심하게 관찰합니다. 그들이 어떤 이름인지, 호텔에서 어떻게 지내는지, 어떤 방식으로 보살핌을 받으면 더 편안해지는지. 지배인은 감정 손님들의 말에 귀 기울이고, 그들에게 적절한 공간을 마련해줍니다. 때로는 빨리 떠났으면 하지만 그들을 억지로 내쫓거나 재촉하지 않습니다. 자유롭게 드나들도록 할 때 감정은 자연스럽게 흐르고 사라지기 때문입니다.

))) 감정은 함께 움직인다 (((

겉보기에는 감정들이 각자 독립적으로 존재하는 듯하지만 실제로는 서로 협력하며 돕기도 합니다. 자신감은 상처를 어루만져주고, 자긍심은 일상이 지겨울 때 즐거움을 찾도록 북돋아줍니다. 사랑은 호텔을 환한 빛과 웃음으로 가득 채우고, 기쁨은 희망이나 만족감 같은 친구들을 데리고 함께 찾아옵니다. 그러나 감정은 일정 시간 머물다가 자연스럽게 떠나는 존재입니다.

"어떤 감정이 찾아오든 언젠가는 떠나기 마련이에요. 온 세상 호텔의 많은 방에 감정들이 묵고 있어요."

감정은 나를 설명하지 않습니다. 감정은 내가 경험하는 것일 뿐, 나의 본질은 아닙니다. 나를 온전히 말해주지는 못합니다. 심리학자 맷 헤이그는 감정과 사람의 관계를 이렇게 표현합니다.

"감정은 구름이고, 사람은 하늘이다."

구름이 잠시 머물다 사라지듯, 감정도 영원히 머무르지 않습니다. 우리는 감정에 휘둘리는 존재가 아니라 감정을 흘러가는 구름처럼 그저 바라볼 수 있는 존재입니다. 그러나 감정을 억압하거나 외면하면, 예상치 못한 순간 폭풍처럼 터질 수도 있습니다. 그렇기에 감정이 보내는 신호를 이해하고, 자연스럽게 받아들이는 태도가 중요합니다.

연습 2 느낌과 생각을 구분하기

다음 문장들 중 앞에 제시한 느낌말 목록을 참고해서 '느낌'을 표현하는 문장을 골라보세요. 그리고 '느낌이 아닌 표현'은 느낌을 담은 문장으로 바꾸는 연습을 해보세요.(앞서 살펴보았던 《하루거리》를 참고하였습니다.)

1. 순자는 정말 불쌍한 아이야.

_____

2. 순자가 혼자 나물을 팔러 다닌다는 이야기를 들었을 때 마음이 짠했어.

_____

3. 분이는 착해서 순자를 도와주는 거야.

_____

4. 이따금 우물 안을 들여다보는 순자의 모습이 좀 엉뚱해 보여.

_____

5. 나는 순자가 물지게를 질 때 안쓰럽고 안타까웠어.

_____

6. 분이가 순자를 오랫동안 지켜보는 모습이 놀랍고 흥미로워.

_____

7. 순자의 큰아버지는 순자를 너무 학대하는 것 같아.

_____

8. 순자는 동무들의 웃음소리가 자신을 무시하는 것처럼 들렸어.

_____

9. 동무들이 순자를 돕기 위해 이것저것 시도하는 모습이 따뜻하게 느껴졌어.

10. 순자가 드디어 친구들과 웃으며 노는 모습을 보니 뭉클했어.

4

NVC의 꽃
욕구

느낌

/ 이성복 /

느낌은 어떻게 오는가
꽃나무에 처음 꽃이 필 때
느낌은 그렇게 오는가
꽃나무에 처음 꽃이 질 때
느낌은 그렇게 지는가

종이 위의 물방울이
한참을 마르지 않다가
물방울 사라진 자리에
얼룩이 지고 비틀려

지워지지 않는 흔적이 있다

《그 여름의 끝》_이성복 (문학과지성사, 1990)

느낀다는 것. 매 순간 경험하면서 살아가지만 곰곰이 들여다보면 그 과정은 여전히 신비롭고 놀랍습니다. 시인은 느낌이 생겨나고 사라지는 순간을 꽃이 피고 지는 모습에 비유합니다. 느낌을 눈에 보이듯이 시각적으로 표현함으로써 더욱 생생하게 전달합니다. 우리가 느끼는 감정도 이와 같습니다. 어떤 감정은 꽃처럼 피어나 우리를 감싸지만 어떤 감정은 조용히 찾아왔다가 흔적 없이 사라지며 또 어떤 감정은 우리 안에 깊숙이 자리 잡아 지워지지 않는 자국을 남깁니다.

이미 대상은 떠났으나, 우리가 외면하거나 제대로 알아차리지 못한 감정은 마음속 깊이 비틀린 흔적으로 남을 수 있습니다. 때로 이유 없이 반복되는 감정이나 반응이 있다면 그것은 충족되지 않은 욕구가 남긴 흔적일지도 모릅니다. 비폭력대화에서는 "우리가 하는 모든 행동은 어떤 욕구를 충족하려는 시도이다"라고 말합니다. 우리의 느낌은 단순한 반응이 아니라, 우리 삶에서 중요한 것이 무엇인지를 알려주는 신호입니다.

예를 들어, 외로움을 느낀다면 이는 '연결'의 욕구에서 비롯된 것일 수 있으며, 분노는 '존중'이나 '공정함'에 대한 욕구가 충족되지 않았음을 의미할 수도 있습니다. 우리가 감정을 있는 그대로 들여다보고, 그 감정 뒤에 있는 욕구를 이해할 때 비로소 삶에서 더 깊은 만족과 평화를 경험할 수 있습니다. 시 속의 물방울이 마르고 난 자리처럼, 우리의 감정도 지나가지만, 그 흔적이 우리 안에 남아 삶에 영향을 주기도 합니다. 중요한 것은 그 흔적을 부정하거나 억누르지 말고, 그 속에서 우리의 진짜 욕구를 발견하는 것입니다.

진짜 원하는 것은?
욕구

비폭력대화의 세 번째 요소는 욕구입니다. 세 번째로 제시되었지만 비폭력대화에서 가장 중요한 핵심 요소라고 할 수 있습니다. 욕구는 영어로 'Need', 즉 삶에서 우리가 필요로 하는 것, 원하는 것, 소중히 여기는 것을 의미합니다. 앞서 언급했듯이 우리가 하는 모든 행동은 욕구를 충족하기 위한 시도입니다. 또한 욕구는 모든 인간이 공통으로 지니는 보편적인 가치라고 정의할 수 있습니다.

))) 우리의 행동과 욕구는 어떻게 연결되나 (((

우리가 하는 말과 행동을 유심히 관찰해보면, 언제나 어떤 이유와 동기가 숨어 있습니다. 관심을 받고 싶어서 친구에게 선물을 하기도 하고, 편안함을 느끼기 위해 소파에 기대 쉬기도 하며, 즐거움을 찾기 위해 TV를 켜기도 합니다. 이처럼 '관심, 편안함, 즐거움' 같은 것들이 바로 욕구입니다. 우리는 어떤 욕구를 충족하기 위해 행동합니다. 우리는 각자 다른 방식으로 행동하지만 그 행동의 근원에는 놀랍도록 동등한 욕구가 존재합니다. 누구나 사랑받고 싶고, 이해받고 싶으며, 존중받고 싶어 합니다. 욕구가 충족될 때 우리는 만족과 평온을 경험하지만, 욕구가 충족되지 않을 때는 분노와 슬픔 같은 감정을 느낍니다. 이렇듯 감정은 우리가 무엇을 원하는지 알려주는 중요한 신호입니다. 또한 다른 사람의 행동 역시 언제나 어떤 욕구에서 비롯된다는 사실을 이해하게 되면, 타인을 바라보는 시선이 달라집니다. 단순히 행동만 보는 것이 아니라 그 행동 뒤에 숨겨진 욕구를 이해하려는 마음으로 바라보고 판단하기 때문입니다.

　우리는 신체 기관을 통해 세상으로부터 다양한 자극을 받으며 살아갑니다. 그리고 그 자극이 우리 안에서 어떤 느낌으로 나타나는지는 욕구의 충족 여부에 따라 달라집니다. 느낌의 근원에는 바로 욕구가 자리하고 있어서입니다. 화가 나거나 속상한 일이 생겼을 때, 불안하거나 답답한 기분이 들 때, 혹은 기쁘고 행복할 때조차도, 그 순간 '지금 내게 중요한 것이 무엇일까?' 하고 스스로에게 질문해볼 수 있습니다. 자신의 감정을 세밀하게 들여다보면 그 안에서 욕구가 발견됩니다. 자신의 욕구를 알아차리는 순간, 마음이 한결 평온해집니다. 그리고 한 걸음 더 나아가 상대방의 느낌과 욕구를 상상해보는 여유도 생깁니다.

))) 욕구를 알아차릴 때, 선택의 자유가 생긴다 (((

우리는 무언가를 얻기 위해 특정한 방법에만 매달리는 경향이 있습니다. 그러나 욕구를 충족하는 방법은 하나만 존재하는 것이 아닙니다. 다양한 방법이 있다는 것을 이해한다면, 특정한 대상이나 상황에만 마음을 쏟지 않아도 됩니다. 이에 앞서 자신에게 중요한 욕구를 알아차린다면, 그 욕구를 충족할 여러 가지 방법을 탐색할 수 있습니다. 그리고 충족할 방법이 많을수록 우리의 삶은 풍요로워집니다. 그뿐만 아니라 타인의 행동을 바라보는 시선도 달라집니다. 우리는 종종 다른 사람의 행동을 보고 쉽게 판단하거나 비난합니다. 하지만 그 사람 역시 자신의 욕구를 충족하려는 과정에 있다는 것을 이해한다면 우리는 열린 마음으로 그 행동을 바라볼 수 있습니다. 이렇듯 자신의 욕구를 알아차리면, 상대의 욕구도 살펴볼 여유가 생깁니다. 욕구에는 힘이 있습니다. 서로의 욕구에 귀를 기울이면서 소통하는 과정에서 우리는 함께 욕구를 충족할 방법을 찾아갑니다. 그리고 서로의 욕구를 존중하고 받아들일 때, 우리는 진정한 연결의 기쁨을 느끼게 될 것입니다.

))) 가까운 관계일수록 욕구를 이해하는 것이 중요하다 (((

욕구를 이해하는 것은 우리 자신뿐만 아니라 가까운 사람들과의 관계에도 깊은 영향을 미치기 때문에 중요합니다. 우리는 살아가면서 가까운 사람에게 상처를 줄 때가 많습니다. 서로에 대한 기대가 클수록 실망도 그만큼 커지기 마련입니다. 친밀할수록 상대를 잘 안다고 생각하다 보니 그의 말과 행동을 때론 오해합니다. 또한 과거의 경험을 바탕으로 현재를 판단하기 때문에 갈등이 증폭되기도 합니다. 하지만 오랫동안 갈등을 반복해서 겪다가 상대가 중요하게 여기는 것이 무엇인지 깨닫기도 합니다. 예를 들어, 상대가 '인정'이나 '존중'을 중요하게 여긴다는 걸 알게 되면 그동안 주고받았던 말과 행동이 비로소 이해됩니다. 그리고 그 욕구를 충분히 존중하고 충족할 수 있도록 노력을 기울입니다. 자신에게 중요한 욕구가 있듯, 상대방에게도 중요한 욕구가 있습니다. 이 사실을 이해하고 받아들이면, 갈등 속에서 길을 잃지 않고 무엇을 해야 할지 알게 됩니다.

그런데 타인의 욕구를 이해하는 것만큼이나, 자신의 욕구를 명확하게 아는 것도 어렵습니다. 가까운 관계에서 상대방을 배려하느라, 혹은 사회적 기대에 맞추느라 정작 자신이 진짜 원하는 것이 무엇인지 모르고 살아가기도 합니다. 이런 고민을 던지는 그림책이 있습니다.

내 안의 목소리
진짜 내 소원

《진짜 내 소원》_이선미 글그림(글로연, 2020)

그림책 표지를 보면 연노랑 호리병에서 다채로운 색채들이 흘러나와 선율을 그리는 듯합니다. 제목이 소원인데, '진짜 내 소원'입니다. '진짜'라는 단어가 더 크게 들려옵니다. 소원의 사전적 의미는 '바라고 원하는 것'입니다. 진짜로 바라고 원하는 것에 대해 진지하게 고민해본 적이 있으신가요? 우리는 살면서 무수한 선택 앞에 놓입니다. 그럴 때마다 자신이 원하는 것이 무엇인지에 집중하기보다 다른 사람의 눈치를 먼저 살피지는 않으셨나요? 다른 사람이 어떻게 받아들일까, 이런 걱정들 속에서 정작 자신에게 중요한 것을 놓치지는 않으셨나요? 그림책《진짜 내 소원》은 이런 질문을 던지며 우리가 정말 원하는 것을 찾아가는 과정을 보여줍니다.

))) 소원을 이뤄주는 지니, 그리고 아이의 선택 (((

어느 날 아이가 호리병을 문지르자, 소원을 들어주는 지니가 튀어나옵니다. 지니는 세 가지의 소원을 말해보라고 합니다. 아이의 첫 번째 소원은 "공부를 잘하고 싶어요!"였습니다. 지니는 지체 없이 소원을 들어주지만 공부를 잘하게 된 건 아이가 아니라 엄마였습니다. 두 번째는 "돈을 많이 벌고 싶어요"라는 소원이었습니다. 이번에도 소원이 이루어졌지만 돈을 많이 벌게 된 사람은 아빠였고, 자동차가 생겼습니다. 그러나 두 번의 소원을 이루었는데도 아이의 마음은 허전합니다. 그리고 이제 남은 기회는 단 한 번뿐입니다. 아이의 진짜 소원은 무엇일까요?

지니는 아이에게 "진짜 네 소원이 뭔지 잘 생각해봐"라고 조용히 말합니다. 이제 아이는 고민에 빠집니다. 자신이 정말 원하는 것이 무엇인지, 진짜 소원이 무엇인지 스스로에게 묻기 시작합니다.

))) 진짜 내 욕구 vs. 타인의 기대 (((

좀 더 이해하기 위해 지니와 아이의 대화로 표현해보겠습니다. 지니는 아이에게 묻습니다.

지니 : "공부를 잘하고 싶다고 했는데, 왜 공부를 잘하고 싶니?"
아이 : "엄마가 기뻐할 것 같아서요."
지니 : "그럼, 엄마가 기뻐하는 것이 네가 진짜 원하는 거야?"

아이 : "네! 엄마가 저를 칭찬해주고, 제가 잘한다고 생각했으면 좋겠어요."

여기서 우리는 깨닫게 됩니다. 아이의 진짜 욕구는 '공부를 잘하는 것'이 아니라, '엄마의 인정과 사랑'을 받는 것이었습니다.

지니는 다시 묻습니다.

지니 : "돈을 많이 벌고 싶다고 했는데, 왜 돈을 많이 벌고 싶니?"

아이 : "우리 가족이 더 행복해질 것 같아요."

지니 : "돈이 아니라 행복한 가족이 네 진짜 소원이구나!"

이제 명확해집니다. 아이가 바랐던 것은 돈 자체가 아니라, 가족의 안정과 행복이었습니다. 자신이 진짜 원하는 것이 무엇인지 깊이 들여다보아야 합니다. 욕구는 보편적이며, 모든 사람이 공감할 수 있는 '필요'입니다. 욕망은 욕구를 충족하기 위한 특정한 방법이나 수단입니다. 이렇듯 비폭력대화를 통해 겉으로 드러나는 욕망을 탐구하다 보면, 숨겨진 진짜 욕구가 발견됩니다.

))) 욕구와 욕망의 차이 (((

프랑스 정신분석학자인 라캉은 "인간은 타인의 욕망을 욕망한다"라고 말했습니다. 라캉은 인간의 욕망이 단독적인 것이 아니라 타인의 욕망과 깊이 얽혀 있다고도 했습니다. 우리는 종종 타인이 원하는 것이나, 무의식에 잠재된 타인의 욕망을 자신이 바라는 것이라고 착각한다는 것입니다. 즉 욕망은 우리가 타인의 인정, 사랑, 관심을 얻고자 하는 방식으로 형성됩니다.

엄마의 욕망이 말과 행동으로 나타나 아이의 무의식에 영향을 미치면 아이는 그 욕망을 자신이 바라는 일로 받아들입니다. 아이가 성장하면서 그 범위가 확장됩니다. 사회가 요구하는 것이 내재화되어 자신이 하고 싶은 일로, 자신이 해야 할 일로 여기게 됩니다. 그림책《꽃들에게 희망을》에 나오는 수많은 애벌레처럼 높은 기둥에 왜 올라가는지도 모르면서 기어 올라가는 삶을 살며 자기도 모르게 타자의 욕망을 욕망합니다. 자신이 진짜 원하는 게 아니라 타인이 주입한 가짜 욕망일 뿐입니다.

《진짜 내 소원》에서 지니가 아이에게 말했듯 우리가 싫어하는 것, 좋아하는 것, 무엇을 할 때 기쁜지, 즐거운지에 대해 깊이 탐색해볼 필요가 있습니다. 아이가 '진짜 내 소원'을 발견하려는 과정은 단순한 표면적 욕망(공부, 돈)이 아니라, 더 깊고 본질적인 욕구(사랑받고 싶은 마음, 가족의 행복)임을 깨닫는 여정이었습니다. 욕망이 아닌 진짜 욕구를 발견할 때, 우리는 비로소 내 삶의 방향을 온전히 스스로 선택할 수 있습니다.

다음은 비폭력대화에서 쓰는 욕구 목록입니다.

))) 욕구 목록 (((

○ **자율성**
자신의 꿈·목표·가치를 선택할 자유, 가치를 이루기 위한 방법을 선택할 자유·꿈·목표

○ **신체적/생존**

공기, 음식, 물, 주거, 휴식, 수면, 안전, 신체적 접촉(스킨십), 성적 표현, 따뜻함, 부드러움, 편안함, 돌봄을 받음, 보호를 받음, 애착 형성, 자유로운 움직임, 운동

○ 사회적/정서적/상호의존

주는 것, 봉사, 친밀한 관계, 유대, 소통, 연결, 배려, 존중, 상호성, 공감, 이해, 수용, 지지, 협력, 도움, 감사, 인정, 승인, 사랑, 애정, 관심, 호감, 우정, 가까움, 나눔, 소속감, 공동체, 안도, 위안, 신뢰, 확신, 예측 가능성, 정서적 안전, 자기보호, 일관성, 안정성

○ 놀이/재미

즐거움, 재미, 유머, 흥

○ 삶의 의미

기여, 능력, 도전, 명료함, 발견, 보람, 의미, 인생 예찬(축하, 애도), 기념하기, 깨달음, 자극, 주관을 가짐(자신만의 견해나 사상), 중요하게 여김, 참여, 회복, 효능감, 희망, 열정

○ 진실성

정직, 진실, 성실성, 존재감, 일치, 개성, 자기존중, 비전, 꿈

○ 아름다움/평화

아름다움, 평탄함, 홀가분함, 여유, 평등, 조화, 질서, 평화, 영적 교감, 영성

○ 자기구현

성취, 배움, 생산, 성장, 창조성, 치유, 숙달, 전문성, 목표, 가르침, 자각, 자기표현, 자신감, 자기신뢰

연습 3 느낌과 욕구 찾아보기

상황 1

내 생일날, 남편이 미역국을 끓여 밥을 차려놓았어요.

느낌 : _____

욕구 : _____

상황 2

가족에게 고민을 털어놓았더니 "네가 너무 예민한 거 아니야?"라고 했어요.

느낌 : _____

욕구 : _____

상황 3

발표를 마쳤는데 아무런 반응도 피드백도 없었어요.

느낌 : _____

욕구 : _____

상황 4

친구가 내 비밀을 다른 사람에게 이야기했어요.

느낌 : _____

욕구 : _____

상황 5

엄마가 내 일에 계속 간섭을 해요.

느낌 : _____

욕구 : _____

자신도 몰랐던 욕구
가시 소년

《가시 소년》_권자경 글, 하완 그림(천개의바람, 2021)

우리는 자신의 감정을 솔직하게 들여다보지 못할 때가 있습니다. 특히 분노, 슬픔, 외로움과 같은 감정은 우리 마음속 깊이 감춰져 있다가 어느 순간 돌출되며 관계를 어렵게 만들기도 합니다. 하지만 감정은 단순히 순간적인 반응이 아닙니다. 그 감정 속에는 자신도 몰랐던 욕구가 숨어 있을지 모릅니다. 이제 그림책 《가시 소년》을 통해 '느낌과 욕구'를 들여다보는 연습을 해보겠습니다.

))) 소년은 무엇 때문에 화가 났을까? (((

온 힘을 다해 소리 지르는 소년의 얼굴이 빨갛게 달아올랐습니다. 눈썹은 위로 치켜 올라갔고 눈을 꾹 감은 얼굴에는 긴장과 분노가 가득합니다. 입을 크게 벌린 채 내뱉는 말들은 날카로운 가시가 되어 사방으로 튀어 나갑니다.

소년의 몸에 가시가 돋아난 것은 단순한 분노의 표현이 아닙니다. 그 가시는 자신을 보호하기 위한 방어 기제일 수 있습니다. 그러나 가시는 주변 사람들에게 상처를 줄 뿐만 아니라 결국 자신의 내면에도 깊은 생채기를 남깁니다. 소년은 친구들과 어울리고 싶어 하면서도 스스로 가시를 감쌉니다. 상처받을까 두려워하는 마음이 보입니다. 이 소년에게 지금 가장 필요한 것은 무엇일까요?

))) 소년의 내면 들여다보기 (((

소년은 책을 들고 있지만, 그의 시선은 저 멀리 즐겁게 게임을 하고 있는 친구들을 향합니다. '친구 만드는 방법'이라는 책 제목만 보아도 소년이 바라는 게 무엇인지 짐작할 수 있습니다. 그런데 소년은 친구들에게 다가가는 대신 입술을 다문 채 어금니를 악물고 있습니다. 마음속은 작은 소용돌이들로 가득 차 있을지도 모릅니다. 친구들은 환하게 웃지만 소년의 얼굴에는 외로움과 슬픔이 배어 있습니다. 활짝 웃는 친구들과 대조되는 소년의 표정이 감정을 더욱 선명하게 보여줍니다. "나는 가시투성이야." 소년의 머리 위에 적힌 문장이 내면에 깊이 자리한 감정을 상징하는 것처럼 보입니다. 소년이 가시를 세운 이유가 무엇일까요?

))) 소년의 상처받은 내면 (((

때로는 뒷모습이 앞모습보다 더 많은 것을 말해줍니다. 소년의 뒷모습을 바라보면 그가 가시를 세운 진짜 이유를 조금은 알 것 같습니다. 집에서도 소년을 돌봐주는 사람은 없습니다. 옆방에서는 부모가 손을 들어 올리며 다투고 있습니다. 소년은 그 장면을 지켜보며 책상 앞에 앉아 있습니다. 양팔이 얼굴을 향한 것으로 보아 울고 있지 않을까 싶습니다. 소년의 온몸은 붉게 물들어 있고, 지금까지보다 더 길고 날카로운 가시가 사방으로 뻗어 있습니다. 아무도 소년의 감정을 돌봐주지 않기에 속마음을 털어놓을 수 없는 외로운 상황입니다. 그런 환경 속에서 소년은 '가시'를 세우며 자신을 지켜야만 했습니다. 소년은 가시가 자신을 보호해줄 거라고 믿었지만 결국 그 가시는 오히려 소년을 더 외롭게 만들었습니다.

'가시는 나를 보호하는 걸까?'

소년은 바닥에 비친 자신의 그림자를 유심히 바라봅니다. 그리고 문득 깨닫습니다. 활짝 웃는 사람에게도, 미소 짓는 사람에게도, 젊은 사람에게도, 늙은 사람에게도 누구에게나 가시가 있다는 걸 발견합니다. 그러나 가시는 누구에게나 보이는 것은 아닙니다. 소년은 생각합니다. 상처가 깊을수록 더 많은 가시가 보이는 게 아닐까. 이제 소년은 자신의 내면을 조금씩 들여다보기 시작합니다. 그동안 보지 않으려 했던 자신의 숨겨진 감정과 마주합니다.

소년은 이렇게 생각합니다.

"나는 가장 크고 날카로운 가시를 가질 거야. 모두 나를 무서워하게 될 테니까."

내가 강해 보이면 아무도 나를 무시하지 않을 거야. 소년의 내면에서 나오는 목소리가 들리는 듯합니다. 그는 가시를 세우는 것만이 자신을 지키는 유일한 방법이라고 생각했습니다. 하지만 그 가시는 결국 소년을 더 깊은 고립 속으로 밀어 넣었습니다.

"혼자 있는 건 눈물이 나는 일이야."

소년은 끝없는 사막 한가운데 홀로 앉아 있습니다. 그의 옆에는 선인장이 있습니다. 그 선인장 위에는 작은 꽃이 피어 있습니다. 그러나 아직 자신의 빛깔을 온전히 발휘하지 못하고 있습니다. 소년은 문득 생각합니다. '이 가시가 정말로 나를 지켜주는 걸까.' '아니면, 나를 더 외롭게 만드는 걸까.' 흐린 하늘, 고요한 사막, 그리고 외로운 소년. 소년의 마음에도 변화가 찾아오는 걸까요? 그동안 자신을 감싸고 있던 가시. 이제는 그 자신의 의미를 고민하기에 이릅니다. 소년은 드디어 자신을 진짜로 보호해줄 수 있는 것이 무엇인지 찾아 나서려 합니다.

이 소년의 마음은, 누구나 한 번쯤은 느껴본 감정일 것입니다. 살다 보면 어쩔 수 없이 그렇게 행동하게 되는 순간들이 있습니다. 스스로도 왜 그런 말을 했는지, 왜 그렇게 화를 냈는지 잘 모를 때가 있습니다. 이런 마음을 조용히 들여다보게 해주는 글이 있습니다.

화를 잘 내는 사람은 인내심이 없는 사람이 아니라, 화를 내지 않고는 표현할 수 없는 사연을 갖고 있는 사람이라고 믿는다. 걸핏하면 화를 내는 사람은 그 안에 거대한 슬픔을 품고 있는 사람이라고 믿는다. 자기 마음을 알아주는 사람이 아무도 없다고 생각하는 사람일수록 화를 자주 낸다. 그런 의미에서 화를 잘 내는 사람은 외로운 사람이다.

《오늘 마음은 이 책》_김신회(오브바이포, 2019)

화를 내면서 스스로 기분이 좋아지는 사람은 없습니다. 오히려 화를 자주 내는 사람일수록 마음에 쌓인 상처가 깊을 가능성이 큽니다. 그 상처가 어느 순간 건드려질 때, 마치 비명을 지르듯 화로 표출되는지도 모릅니다.

곁에서 더 많이 들어주고, 마음을 알아주고, 조용히 공감을 해주는 것, 때로는 말이 아닌 가만히 들어주는 것만으로도 마음은 누그러집니다. 화를 크게 터뜨리는 사람이 있다면 조용히 감싸주는 사람도 있어야 합니다. 누군가 묵묵히 들어주기만 해도, 그 자체로 마음이 누그러질 수 있으니까요. 소년이 언젠가 가시를 내려놓을 날이 올까요? 이제 소년의 감정과 욕구를 찾아보는 연습으로 이어가겠습니다.

))) 가시 소년의 느낌과 욕구 (((

가시 소년의 느낌과 욕구는 무엇일까요? 그림책《가시 소년》을 참고하여 다음 상황에서 소년이 어떤 느낌이 들었을지, 그리고 그 감정 속에 숨겨진 욕구는 무엇인지 생각해봅니다. 정답은 따로 없고 각자 느끼는 감정과 욕구를 짐작해보는 문제입니다. 주어진 상황에서 느낌과 욕구는 각자 다를 수 있습니다.

상황 1

소년이 책을 보는데, 옆에서 친구들이 즐겁게 게임을 하고 있을 때

느낌 : _____

욕구 : _____

상황 2

소년이 "시끄러워, 이 바보들아!"라고 소리칠 때

느낌 : _____

욕구 : _____

상황 3

젊은 사람에게도, 늙은 사람에게도 누구에게나 가시가 있다는 것을 발견했을 때

느낌 : _____

욕구 : _____

상황 4

소년이 부모의 다투는 모습을 지켜보고 있을 때

느낌 : _____

욕구 : _____

상황 5

사막에 홀로 앉아 '혼자 있는 건 눈물이 나는 일이야'라고 생각할 때

느낌 : _____

욕구 : _____

5

NVC의 열쇠
부탁

벗에게 부탁함

/ 정호승 /

벗이여
이제 나를 욕하더라도
올봄에는
저 새 같은 놈
저 나무 같은 놈이라고 욕을 해다오
봄비가 내리고
먼 산에 진달래가 만발하면
벗이여
이제 나를 욕하더라도

저 꽃 같은 놈
저 봄비 같은 놈이라고 욕을 해다오
나는 때때로 잎보다 먼저 피어나는
꽃 같은 놈이 되고 싶다

《사랑하다가 죽어버려라》_정호승(창비, 1997)

비단 계절 속의 봄만이 아닌, 삶의 봄이 간절하게 기다려집니다. 연둣빛 새순이 돋아나는 봄을 기다리고 있는 시인의 마음이 느껴집니다. "벗이여 이제 나를 욕하더라도"라고 펼쳐지는 이 시는, 단순한 부탁을 넘어 자신을 긍정적인 시선으로 바라봐달라는 요청입니다. 우리는 누군가를 비난하거나, 거칠게 대할 때가 있습니다. 하지만 시인은 욕이라도 좋으니, 자연과 닮은 존재로 불러달라고 부탁합니다. 새처럼 자유롭고, 나무처럼 편안하며, 꽃처럼 아름다운 존재로 불리기를 바랍니다.

"나는 때때로 잎보다 먼저 피어나는 꽃 같은 놈이 되고 싶다"는 표현 속 바람처럼 꽃은 잎보다 먼저 피어나면서 누구보다 먼저 봄을 알리는 존재가 됩니다. 시인은 누구보다 먼저 희망과 새로움을 품고 싶어 합니다. 더욱 생명력 넘치는 방향으로 살고자 하는 시인의 바람일 것입니다. 건조하고 메말라가는 우리의 삶에 자연을 들이라는 시인의 부탁처럼 우리도 자신이 필요로 하는 바를 상대에게 자연스럽게 요청할 수 있다면, 삶은 한층 더 풍요로워질 것입니다. 꽃이 봄을 알리듯, 부탁은 관계 속에 새로운 봄을 불러오는 과정이 될 수 있습니다. 일상에 쫓기다 보면, 새가 지저귀는 소리, 꽃이 피는 순간, 봄비가 내리는 모습을 지나

칠 때가 많습니다. 시인은 우리에게, 봄이 오는 순간을 놓치지 말고 자연의 소리에 귀 기울이라고 조용히 당부합니다.

풍요로운 삶을 위한 대화
부탁하기

))) 원하는 것을 표현하는 용기 (((

지금까지 우리는 비폭력대화의 세 가지 요소인 관찰, 느낌, 욕구를 살펴보았습니다. 대상을 평가하지 않고 있는 그대로 바라보는 관찰, 내·외부의 자극에 대한 느낌, 그리고 그 감정이 어디에서 비롯되었는지를 탐색하는 욕구의 발견까지 이 과정은 내면의 진짜 목소리를 듣고, 자신과 깊이 연결되는 시간이었습니다. 이제 자신에게 무엇이 소중한지를 깨달았다면, 그 욕구를 충족하기 위해 '부탁'이라는 선택을 할 수 있습니다.

편안한 관계를 유지하기 위해서는 서로의 바람을 존중하며, 적절한 방식으로 요청하고 요청받는 과정이 필요합니다. 부탁은 단순히 무언가를 요구하는 것이 아니라, 관계를 형성하고 유지하고 성장시키는 중요한 수단입니다. 이를 통해 우리는 서로를 더 깊이 이해하고, 더욱 풍요롭게 살 수 있습니다. 부탁은 상대방에게 무엇을 해달라고 요청하는 행위를 넘어, 서로를 배려하고 소통하는 과정 자체로서 의미가 있습니다.

그러나 부탁하기는 생각보다 쉽지 않습니다. 많은 사람들이 부탁을 할 때 거절당할까봐 두려워합니다. 상대가 자신의 요청을 받아주지 않으면 상처받을까, 관계가 틀어질까 걱정하며 머뭇거립니다. 또한 부탁하는 것이 상대방에게 부담되지는 않을까 하는 마음이 들기도 합니다. 이런 두려움과 불안은 우리를 솔직한 표현에서 멀어지게 하고, 스스로를 억압하게 합니다. 부탁을 하지 못해 관계 속에서 고립감을 느끼거나, 혼자 감당하면서 외로움이 쌓이기도 합니다.

부탁을 하기 위해서는 먼저 스스로의 마음을 명확히 들여다볼 필요가 있습니다. 우리는 때때로 말하지 않아도 상대방이 내 마음을 알아주기를 기대합니다. 그러나 자신의 욕구와 감정을 정확히 알아차리지 못한 채 상대에게 기대하고 그 기대가 충족되지 않았을 때 실망과 서운함이 더욱 커질 수 있습니다. 배려를 바라기만 한다면, 상대방 또한 어떻게 반응해야 할지 어려움을 느낄 수 있습니다. 부탁은 단순히 '무언가를 원한다'는 의미를 넘어, 상대방을 신뢰하며 관계가 안전하다는 신호이기도 합니다. 부탁을 통해 자신의 욕구를 솔직하게 드러내고, 상대방도 그에 반응하며 더 깊은 상호작용을 나눌 수 있습니다. 나아가 진심 어린 부탁은 상대방이 자신의 욕구를 표현할 수 있는 용기를 북돋아줍니다.

))) 거절을 두려워하지 않기 (((

상대가 반드시 부탁을 수용할 필요는 없습니다. 진정한 소통이란 상대가 내 요청을 받아들이느냐의 문제가 아니라, 상대의 거절까지도 존중하고 이해하는 과정에서 이루어집니다. 우리가 거절을 두려워하지 않을 때, 그리고 상대방의 거절을 있는 그대로 받아들일 때, 부탁은 더 이상 관계를 위태롭게 하는 요소가 아니라, 서로를 더 깊이 이해하는 계기가 됩니다.

비폭력대화에서 말하는 '부탁'은 크게 두 가지로 나눌 수 있습니다. 하나는 대화 중 서로의 생각과 감정을 확인하고 소통을 이어가기 위한 '연결 부탁', 다른 하나는 구체적인 행동을 요청하는 '행동 부탁'입니다. 이 두 가지 부탁은 서로 목적이 조금 다르지만, 모두 편안한 관계와 풍요로운 삶을 위한 중요한 대화 방식입니다.

))) 연결 부탁은 무엇이며 왜 필요할까? (((

대화할 때 상대방이 지루해하는 듯한 표정을 짓거나, 내가 전달하고자 했던 말뜻을 다르게 받아들이는 순간이 있습니다. 때로는 내가 한 말이 상대에게 어떻게 전달되었는지 궁금해집니다. 이야기가 끝난 후, 서로의 의견을 나누다 보면 자신의 의도와는 다르게 해석되었다고 느끼는 경우도 많습니다.

이런 상황에서 우리는 상대와 소통을 원활하게 하기 위해 '연결 부탁'을 활용할 수 있습니다. 대화의 목적은 단순히 정보를 전달하는 것만이 아니라, 서로의 생각과 감정을 교류하는 것입니다. 따라서 대화 중간에 상대의 느낌이나 생각을 확인하는 연결 부탁을 통해 대화가 한쪽으로 치우치지 않고 균형을 유지할 수 있습니다. 연결 부탁은 단순한 질문을 넘어서, 상대를 존중하며 대화에 적극적으로 초대하는 표현 방식입니다. 연결 부탁은 다음처럼 할 수 있습니다.

1) 내가 한 말을 상대가 어떻게 받아들이고 있는지 이해하고 싶을 때 다음의 문장을 연결해 부탁할 수 있습니다.

"제 말이 어떻게 들리세요?"
"제 이야기를 들으니 어떤 느낌이 드시나요?"
"제가 말한 내용이 이해가 잘되시나요?"
"제 생각에 대해 함께 이야기 나눠볼 수 있을까요?"
"이 부분에 대해 의견을 주실 수 있을까요?"

2) 내가 전달하고자 하는 의미가 제대로 전해졌는지 확인하고 싶을 때는 다음처럼 부탁할 수 있습니다.

"혹시 제가 한 말을 어떻게 이해하셨는지 들려주실 수 있나요?"
"제가 말했던 내용이 정확하게 전달되었는지 알고 싶어서 그러는데, 제 말을 들은 대로 말해줄 수 있으세요?"

))) 행동 부탁은 무엇이며 왜 필요할까? (((

연결 부탁으로 상대방을 대화에 초대했다면, 이제는 자신이 원하는 것을 상대방이 행동으로 옮기도록 부탁하는 과정이 필요합니다. 그것이 바로 행동 부탁입니다.

행동 부탁은 모호하고 추상적인 표현이 아니라 상대가 이해하기 쉽도록 구체적이고 명확한 표현을 전달하는 것입니다. 원하는 것을 분명히 말할수록 부탁이 받아들여질 가능성이 커집니다. 또한 부정적인 표현을 피하고 긍정적인 언어로 부탁하면 상대가 더 쉽게 수용할 수 있습니다. 예를 들어, "하지 마!"라는 금지보다는 "이렇게 해줄 수 있을까?"라고 말하는 것이 더 효과적입니다. 마지막으로 상대방이 강요받는다고 느끼지 않도록 권유나 질문 형식으로 표현하면 자연스럽게 협력을 이끌어낼 수 있습니다. 효과적인 행동 부탁은 다음과 같은 방식으로 할 수 있습니다.

1) 구체적이고 명확하게 말하기

"너의 게으른 습관을 좀 고쳐보면 어떨까."
→ "내일부터 아침 7시에 일어나 책가방을 미리 챙겨놓으면 좋겠어."

"조금만 부지런했으면 좋겠어."
→ "퇴근 후 30분 동안 설거지를 도와줄 수 있을까?"

2) 긍정적인 언어로 말하기

"TV 소리 좀 크게 하지 마!"
→ "TV 볼륨을 줄여줄 수 있어?"

"늦지 마!"
→ "내일 10시까지 도착할 수 있을까?"

3) 권유나 질문 형식으로 말하기

"방 좀 치워!"
→ "방바닥에 있는 옷을 옷걸이에 걸어줄래?"

"쓰레기 좀 버려!"
→ "오늘 퇴근할 때 쓰레기통을 비워줄 수 있어?"

))) 부탁과 강요의 차이 (((

부탁은 자신이 바라는 것을 상대에게 정중히 요청하는 것입니다. 그러나 그 요청을 받아들일지는 전적으로 상대방의 선택에 달려 있습니다. 부탁을 할 때는 큰 용기가 필요하기도 하지만, 반대로 상대방이 거절하기 어려운 상황도 꽤 있습니다. 부탁을 받는 사람이 죄책감이나 두려움 때문에 어쩔 수 없이 응한다면 서로 진정한 관계를 유지하는 데 어려움이 따를 수 있습니다.

부탁과 강요의 차이는 상대방이 거절했을 때의 반응에서 명확히 드러납니다. 부탁을 한다면 거절을 받아들일 준비가 되어 있어야 합니다. 하지만 만약 상대방이 부탁을 들어주지 않았을 때 짜증을 내거나 화를 내고, 거절한 사람에게 죄책감을 느끼게 한다면 그것은 강요에 가깝습니다. 부탁이란 상대방의 자유로운 선택을 존중하면서 부탁을 들어주지 않더라도 관계가 흔들리지 않아야 합니다. 다음 진희와 서인의 대화에서 이에 대해 살펴볼 수 있습니다.

진희 : "서인아, 오늘 금요일인데 퇴근 후에 시내에서 만날까?"

서인 : "어쩌지? 진희야, 오늘은 집에 일찍 가서 좀 쉬고 싶어."

진희 : "그러지 말고 잠깐이라도 만나고 가면 안 돼?"

서인 : "오늘은 그냥 푹 쉬고 싶어서 그래. 예림이에게 전화해볼래?"

진희 : "야, 너는 내가 이렇게 사정을 하는데, 어떻게 그럴 수 있어? 네가 만나자고 할 땐 한 번도 거절한 적이 없는데."

이 대화에서 진희는 서인의 사정을 이해하지 못하고 서운한 감정을 드러냅니다. 부탁이 거절되자 "너는 내가 이렇게 사정을 하는데, 어떻게 그럴 수 있어?"라고 말하며, 상대가 당연히 자신의 요청을 들어줘야 한다는 태도를 보입니다. "네가 만나자고 할 땐 한 번도 거절한 적이 없는데"라는 말 역시, 부탁이 아니라 마치 상대가 응당 들어줘야 할 의무가 있는 것처럼 표현하고 있습니다. 이처럼 "해야 한다"거나 "하는 것이 마땅하다"는 식의 말은 상대방이 자유롭게 선택할 수 없게 만들기에 부탁이 아닌 강요로 받아들여질 수 있습니다. 상대방이 거절했을 때 짜증을 내거나 죄책감을 느끼게 하는 것 역시 강요의 한 형태입니다.

만약 진희가 서인의 선택을 존중했다면, 이렇게 대화가 이어질 수도 있습니다.

진희 : "아쉽지만 네가 피곤하다면 어쩔 수 없지! 다음에 편할 때 만나자."

서인 : "고마워, 진희야! 이번 주말에는 시간 될 것 같아. 그때는 어때?"

이처럼 부탁을 거절당했을 때는 상대의 입장을 존중하고 이해하는 태도를 보이는 것이 중요합니다. 부탁이 강요가 되지 않으려면, 상대방이 자유롭게 선택할 수 있도록 열린 마음으로 기다려야 합니다.

솔직하게 말할 수 있을까?
하늘을 나는 사자

《하늘을 나는 사자》_사노 요코 글그림, 황진희 옮김(천개의바람, 2018)

부탁은 단순히 원하는 것을 얻기 위한 수단이 아니라, 상대와의 관계를 존중하며 조화롭게 소통하는 과정입니다. 하지만 때로는 자신의 필요를 솔직하게 표현하지 못해 부탁이 제대로 전달되지 않거나, 상대의 기대에 맞추느라 자신의 욕구를 희생하기도 합니다. 그림책 《하늘을 나는 사자》 속 주인공인 사자 역시, 자신의 필요를 제대로 표현하지 못해 점점 지쳐갑니다. 이제 이 이야기를 통해 부탁이 어떻게 전달될 수 있는지, 그리고 부탁이 효과적으로 이루어지려면 무엇이 필요한지 함께 살펴보겠습니다.

))) 사자의 호의와 점점 당연해지는 기대 (((

황금빛으로 빛나는 사자의 얼굴이 표지 전체를 차지합니다. 알록달록한 사자의 갈기가 춤을 추듯 역동적입니다. 푸른 눈과 초록의 눈동자가 노랑과 주황이 섞인 얼굴과 대비되어 눈이 도드라져 보입니다. 볼수록 신비스럽지만 그 눈빛에는 처연한 슬픔이 스며 있는 듯하고 초점이 없어 어딘가 공허해 보입니다. 그러나 눈의 느낌과는 다르게 사자의 갈기는 무언가를 갈망하는 듯 이글이글 타오르는 태양을 연상시킵니다. 울긋불긋 강렬한 색채로 치장하여 생동감을 주지만 표정은 엄숙하면서도 무언가 텅 비어 있는 느낌을 전합니다.

사자의 멋진 갈기를 보기 위해 고양이들이 몰려듭니다. 그들은 사자의 늠름한 모습과 씩씩한 태도에 감탄하며 함께 시간을 보내고 싶어 합니다. 사자는 고양이들에게 좋은 모습을 보이고 싶어 열심히 대접합니다. 하늘을 날 듯 힘차게 뛰어올라 사냥하고 직접 잡은 먹잇감을 정성껏 준비해 나눠줍니다. 고양이들은 기쁘게 음식을 먹으며 사자를 칭찬합니다. 그 칭찬이 사자의 마음을 더 들뜨게 합니다.

그러나 시간이 지나면서 고양이들은 사자의 호의를 당연하게 여기기 시작합니다. 그들은 매일 찾아와 먹을 것을 요구했고, 사자는 여전히 정성껏 음식을 대접했습니다. 하지만 점점 지쳐가던 사자는 어느 날, "나는 낮잠을 자는 게 취미야"라고 말합니다. 그것은 단순한 취미가 아니라 간절한 바람이었습니다. 하루에 18시간 잠을 자야 하는 사자에게 휴식은 필수였지만 고양이들은 그 말을 가볍게 넘기며 계속해서 사자를 찾았습니다. 사자는 고양이들의 기대를 저버리지 않기 위해 다시 한

번 땅을 박차고 날아올랐습니다. 처음에는 고양이들의 칭찬과 관심이 사자를 기쁘게 했지만 사냥이 반복될수록 그의 몸과 마음은 점점 더 지쳐갔습니다.

푸른 밤, 사자는 세상과 단절된 채 홀로 눈물짓습니다. 그의 지친 마음을 알아주는 이도, 위로해주는 이도 없습니다. 끝없이 베풀려 애쓰다 보니 이제는 몸과 마음이 한계에 다다랐습니다. 찬란하던 황금빛 갈기는 점점 빛을 잃고 파랗게 질려갔으며 우렁찬 목소리도 힘을 잃었습니다. 결국 그는 더 이상 버틸 수 없다는 듯 힘없이 쓰러지고, 그 자리에서 돌이 되어버립니다.

))) 부탁을 솔직하게 표현하는 용기 (((

사자는 매일 같이 사냥하며 고양이들에게 최선을 다했지만 정작 자신을 돌볼 줄 몰랐습니다. 처음에는 기쁘게 베풀었으나 시간이 흐를수록 고양이들은 그의 친절을 당연하게 여기기 시작했습니다. 반복된 호의는 결국 요구와 강요로 바뀌었고 사자는 점점 녹초가 되어갔습니다. 하지만 그는 자신의 피로와 힘겨움을 제대로 표현하지 못했습니다. 고양이들에게 인정받고 싶어서였을까요? 아니면 강하고 늠름한 사자의 모습을 지켜야 한다는 부담감 탓이었을까요?

그러나 자신을 지키기 위해서는 먼저 자신의 감정을 알아차리고, 솔직하게 표현하는 용기가 필요합니다. 만약 사자가 처음부터 자신의 힘든 마음을 솔직하게 털어놓고 고양이들에게 명확하게 부탁했다면 어땠을까요? 그는 끝내 지쳐 쓰러지지 않고 고양이들과 친밀한 관계를 유지하며 살아갈 수 있었을지도 모릅니다.

))) 사자의 입장에서 할 수 있는 연결 부탁과 행동 부탁 (((

타인의 인정에 기대지 않고 스스로를 받아들이는 것이 중요하듯, 자신의 감정과 욕구를 솔직하게 표현하는 것도 필요합니다. 사자는 여러 번 고양이들에게 피곤하다는 신호를 보냈지만, 그들은 여전히 사자의 호의를 기대하고 있었습니다. 그러나 사자는 자신의 진짜 마음을 분명하게 전달하지 못했습니다. 부탁할 때는 단순한 표현보다, 자신의 감정과 필요를 명확하게 전하는 것이 중요합니다. 사자가 비폭력대화 방식으로 부탁했다면 어땠을까요?

◎ 연결 부탁으로 상대방을 대화에 초대하기

앞서 설명한 연결 부탁을 사용해 부탁할 수 있습니다.

- "내 말이 어떻게 들려?"를 사용한 연결 부탁
  요즘 계속 너희와 함께 시간을 보내면서 기운이 많이 빠진 것 같아. 그래서 낮잠을 좀 자고 싶은데, 내 말이 어떻게 들려?

- "내 이야기를 들으니 어떤 느낌이 들어?"를 사용한 연결 부탁
  내게는 휴식이 필요해. 그동안 쉬지 못해서 몸이 많이 지쳤어. 내 말을 들으니 느낌이 어때?

- "내 생각에 대해 함께 이야기 나눠볼 수 있을까?"를 사용한 연결 부탁

솔직히 요즘 피곤해서 힘들어. 내게 쉬는 시간이 좀 필요해. 여기에 대해 같이 이야기해볼 수 있을까?

- "내 생각에 대해 나누고 싶은 마음이 있어?"를 사용한 연결 부탁
  나는 너희가 나를 어떻게 생각하는지, 그리고 내가 피곤하다는 걸 어떻게 받아들이는지 궁금해. 잠깐 이야기 나눌 수 있을까?

◎ 행동 부탁으로 구체적인 요청하기

- 구체적이고 명확한 언어를 사용한 행동 부탁
  나는 요즘 너무 피곤해서 낮잠이 꼭 필요해. 내가 한 시간 동안 조용히 쉴 수 있도록 도와줄 수 있을까?

- 긍정적인 언어를 사용한 행동 부탁
  너희와 함께 어울리는 게 정말 기뻐. 그리고 내가 충분히 휴식을 하면 더 신나게 놀 수 있을 것 같아. 내가 쉬는 동안 너희끼리 조용히 놀고 있으라고 부탁해도 될까?

- 권유나 질문 형식의 행동 부탁
  나는 지금 너무 졸려서 잠깐 자야 할 것 같아. 내가 쉴 동안 조용히 해줄 수 있을까?

- 현재형으로 하는 행동 부탁
  내가 하루 동안 쉬고 나면 너희랑 더 신나게 놀 수 있을 거야. 오늘은 사냥을 하루 쉬어도 괜찮을까?

사자의 입장에서 할 수 있는 연결 부탁과 행동 부탁을 살펴보니, 그가 고양이들에게 자신의 필요를 명확하게 전달하지 못했음이 더욱 분명해집니다. 만약 사자가 자신의 감정과 욕구를 솔직하게 표현하고, 고양이들에게 이해를 구했다면 관계가 달라졌을지도 모릅니다. 부탁은 단순한 요구가 아니라 서로를 존중하는 대화의 과정입니다.

> **연습 4** 명확하게 부탁하고 있지 않은 문장을 골라보세요.

1. "시끄럽게 좀 하지 마!"
2. "10분 안에 출발해야 하니까, 지금 바로 준비해줄 수 있을까?"
3. "말을 좀 조심했으면 좋겠어."
4. "나를 배려해주었으면 좋겠어."
5. "책상 위에 있는 책과 노트를 정리하고, 먼지를 털어줄 수 있을까?"

6

거절하기와 거절 듣기

용기

/ 이규경 /

넌 충분히 할 수 있어.
사람들이 말했습니다.

용기를 내야 해.
사람들이 말했습니다.

그래서 나는 용기를 내었습니다.
용기를 내어 이렇게 말했습니다.
나는 못 해요.

《짧은 동화 긴 생각》_이규경 (효리원, 2022)

"나는 못 해요"라고 말하는 어린아이의 목소리가 들려오는 듯합니다. 어깨를 잔뜩 움츠리고 고개를 숙인 채, 작은 손가락을 만지작거리며 망설이다가 어디론가 사라져버릴 것만 같은 아이. 입술과 입술 사이에서 '나……'라는 단어가 나오기까지 가슴에서 요동치고 스스로 놀라 말 한 자락을 베어 물고 망설입니다. 입술 끝에서만 달싹거리던 말이 결국 가느다란 목소리로 흘러나옵니다. 사람들의 기대와 무게에 짓눌려 자신의 진심을 말할 수 없을 것만 같을 때, 아이는 들릴 듯 말 듯 작은 목소리로 용기를 내어 마침내 말합니다. 아이의 심장은 다시 한번 크게 요동쳤을 것입니다.

그 말을 들은 사람들의 표정은 어땠을까요? "네, 할 수 있어요"라는 대답을 유도하는 어른들의 기대, 실망시키지 말아야 한다는 부담감 속에서도 아이는 자신 안에서 들려오는 목소리에 귀를 기울입니다. 결과에 대한 두려움보다 지금 이 순간 자신의 마음을 솔직하게 마주합니다. 주변의 기대가 등을 떠밀지만 온 힘을 다해 자신의 한계를 고백하듯 "나는 못 해요"라고 속삭입니다. 어쩌면 그 말은 우리 모두가 하지 못했던 말을 대신해주는 것 같아 해방감이 느껴집니다.

'용기를 내라'는 어른들의 응원 뒤에 숨은 강요는 아이의 마음을 움직이지 못했습니다. 커다란 몸집의 어른들에게 둘러싸인 작은 아이의 모습은 우리 자신을 비춰줍니다. 아직 모든 것이 낯설기만 한 세상에서 어른들의 말을 거역한다는 것은 상상조차 할 수 없는 일이었습니다. 어른들 또한 작은 아이에게서 '아니요'라는 대답을 예상하지 못했을 것입니다. 우리는 가정에서, 학교에서 '거절'보다는 '순응'을 배우며 자랐고, 자연스럽게 사회에서도 거절하지 못하는 습관을 이어갔습니다. 어릴 때

길들여진 '예스(Yes)'의 습관은 우리가 관계 속에서 자신을 지키기 어렵게 만들었습니다.

그 결과, 우리는 수많은 순간 '예'라고 말하며 살아왔습니다. 하지만 모든 요청에 응하는 것이 곧 좋은 관계를 의미하지는 않습니다. 거절은 나를 지키고, 타인과의 관계를 더 단단하게 만들어주기도 합니다. 거절은 용기가 필요한 일입니다. 타인의 기대를 충족시키는 것이 아니라 내 한계를 깨닫고, 나에게 정말 중요한 것이 무엇인지를 솔직하게 표현할 수 있어야 합니다. 거절은 나를 위한 선택이며, 나를 존중하는 또 다른 용기입니다.

거절이 어려운 이유
거절하기와 거절 듣기

자신이 바라는 것을 구체적이고 명확하게, 그리고 긍정적인 언어로 상대방에게 부탁하는 연습을 해봤습니다. 부탁이 쉽지 않은 것처럼 거절 또한 우리의 삶에서 어려운 과제 중 하나입니다. 우리는 거절을 하면서 상대가 서운해할까봐 고민하고, 관계가 어색해질까봐 걱정합니다. 그러나 거절은 단순한 거부가 아니라, 자신을 존중하면서도 관계를 자유롭게 유지하기 위한 자연스러운 소통 방식입니다. 이번에는 거절하기에 도전해보겠습니다.

누구에겐가 부탁하거나 거절하는 일은 우리의 일상에서 자주 반복되는 자연스러운 과정입니다. 하지만 막상 이런 상황과 맞닥뜨리면 마음이 복잡해집니다. 상대를 배려하는 마음과 자신의 욕구를 지키고자 하는 마음 사이에서 갈등이 생기기 때문입니다. 그렇다면 타인의 반응보다 '나'를 중심에 두고 상황을 바라본다면 어떨까요? 내 감정과 욕구를 존중하며 거절하는 법을 배운다면 불필요한 죄책감 없이 보다 자유로운 관계를 만들어갈 수 있을 것입니다.

))) 왜 우리는 거절이 어려울까? (((

집단의 조화를 중시하는 문화에서는 권위 있는 사람이나 다수의 취향을 따르는 것을 당연하게 여깁니다. 예를 들어, 함께 식사할 때 각자 다른 메뉴를 고르기보다 흔히 다수의 선택에 맞춥니다. 만약 누군가 다른 선택을 하면, 분위기를 흐린다는 이유로 눈총받기도 합니다. 이러한 경험이 반복되면, 개인은 자신도 모르게 집단의 분위기에 동조해야 한다는 압박을 느낍니다. 그러다 보면 점차 자신의 취향이나 의견을 양보하는 것이 익숙해지고, 마치 개인의 선택이 집단의 조화를 해치는 일처럼 여겨지기도 합니다. 이러한 경향은 단순한 식사 자리에서만 나타나는 것이 아니라 우리의 일상과 사회 전반에 걸쳐 반복됩니다. 그러다 보니 '거절'이 단순한 의견 표현이 아니라 관계를 깨뜨리는 행동처럼 느껴지는 경우가 많습니다.

이처럼 우리 문화는 '나'보다는 '우리'를 중요시합니다. 심지어 가족을 소개할 때도 '내 엄마'가 아니라 '우리 엄마'라고 말하는 것이 일반적입니다. 이는 단순한 언어적 표현을 넘어, 개인이 독립적인 존재가 아니라 관계 속에서 상호적으로 연결되어 있다는 사고방식을 반영합니다. 어릴 때부터 우리는 부모님의 기대에 부응하기 위해 착한 아이가 되려고 노력하며, 부모의 사랑과 관심을 얻고자 합니다. 이러한 경험은 성장하면서 타인의 인정과 호감을 얻고자 하는 행동으로 이어집니다. 특히 관계를 중시하는 문화적 특성상, 우리는 타인의 평가에 민감하게 반응하며, 거절했을 때 관계가 불편해질까봐 걱정합니다. 상대에게 불편함을 주고 싶지 않다는 마음이 크면 거절이 더욱 어렵습니다.

문화적 영향뿐만 아니라 개인적인 성향이나 사회적인 요인도 거절을 어렵게 합니다. 비폭력대화에서는 '상대가 나의 부탁을 들어줘야만 성공적인 대화라고 생각하지 않는다'고 합니다. 하지만 우리는 상대가 상처받을까봐, 관계가 단절될까봐, 혹은 원망을 들을까봐, 쉽게 거절하지 못하고 망설입니다. 차일피일 미루다 결국 마지못해 받아들이는 경우도 많습니다. 그러나 억지로 동의한 상황은 불편함을 남기고, 결국 상대에게도 부정적인 감정이 전해질 가능성이 큽니다. 이러한 상황이 반복되면 오히려 관계가 더 악화할 수 있습니다.

))) 관계를 지키면서도 솔직하게 거절하기 (((

비폭력대화에서는 "아니요", "안 돼요", "싫어요" 등의 표현을 단순한 거절이 아니라, 자신의 욕구를 솔직하게 표현하는 방법으로 봅니다. 사실 "No"라는 대답은 언제 들어도 마음이 거북할 수 있습니다. 우리는 거절당하고 불편했던 경험이 있기 때문에 "No"라고 말하는 것이 더 어렵게 느껴질지도 모릅니다. 그러나 솔직하게 "No"라고 말할 수 있는 관계라면, "Yes"라는 대답이 더욱 진정성 있게 들릴 것입니다. 반대로 항상 "Yes"라고 대답하는 사람의 말은 정말 진심일까 하는 의구심이 들 때도 있습니다. 오히려 상대가 더 솔직하게 표현해주길 바랄 때도 있습니다.

거절은 "No" 한마디로 끝나지 않습니다. "지금은 어려워요. 다음 달에는 가능할 것 같아요." "이 일은 제 역량 밖이에요. 대신 ……를 도와드릴게요." 이렇게 대안을 제시하면 상대도 수용하기 쉬워집니다. 핵심은 거절 자체가 아닌, 관계의 지속 가능성을 고민하는 태도입니다. 솔직함이 쌓은 신뢰는 오히려 더 깊은 유대감을 만듭니다.

상대의 거절을 존중할 때, 나 역시 부담 없이 거절할 수 있습니다. 거절이 자연스러운 관계에서는 나뿐만 아니라 상대의 거절도 편안하게 받아들일 수 있습니다. 비록 상대의 부탁을 들어주지 못했더라도 서로의 욕구를 이해하고 존중한다면 '거절해도 괜찮다'는 신뢰가 형성됩니다. 거절이 곧 관계의 단절을 의미하는 것이 아니라는 확신이 있다면, 더욱 솔직하고 편안한 관계를 만들어갈 수 있습니다.

마찬가지로, 상대가 나의 부탁에 "No"라고 했을 때, 그것을 단순한 거절로 받아들이기보다 그 사람이 자신의 상황과 감정을 고려한 선택을 했다고 이해하면 마음이 한결 편안해집니다. 거절을 마주했을 때 상처받기보다 "그 사람에게 어떤 사정이 있을까?"를 고민해보는 연습이 필요합니다. 예를 들어, 친구가 약속을 취소했을 때 "바쁜가 보네. 무슨 일이 있니?"라고 물어본다면, 그건 단순한 거절이 아니라 서로의 상황을 나누는 대화가 됩니다. 서로의 욕구를 인정하고 수용하는 태도가 자리 잡는다면 거절이 더 이상 상처로 남지 않을 것입니다.

이제 그림책 《곰씨의 의자》를 통해 거절이 쉽지 않은 이유를 함께 알아보겠습니다. 곰씨는 자신의 공간을 지키고 싶었지만, 타인을 배려하는 마음 때문에 솔직하게 표현하지 못합니다. 그의 고민과 선택을 따라가며 거절이 어려운 순간을 맞닥뜨렸을 때 여러분은 어떻게 반응했는지 떠올려보아도 좋겠습니다.

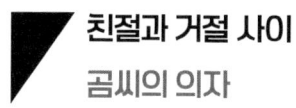

친절과 거절 사이
곰씨의 의자

《**곰씨의 의자**》_노인경 글그림(문학동네, 2016)

))) 친절함과 나의 경계 사이에서 (((

곰씨는 혼자 있는 시간을 좋아합니다. 차를 마시며 음악과 시집을 가슴에 품고 있는 곰씨는 평화로워 보입니다. 그러던 어느 날, 지나가던 탐험가 토끼에게 자신의 의자를 내어준 후부터 곰씨의 고요하고 평온한 일상은 달라지기 시작합니다.

지쳐 보이는 탐험가 토끼의 모험담을 들으며 곰씨는 처음으로 함께하는 즐거움을 알았습니다. 이어 찾아온 슬픈 무용수 토끼와의 만남은 의자를 둘러싼 새로운 관계의 시작이었습니다. 곰씨의 의자에서 만난 두 토끼는 결혼하고 숲속에 보금자리를 마련합니다. 시간이 흐르면서 아이들이 태어나고, 활기찬 토끼 가족은 혼자인 곰씨를 잊지 않고 찾아옵니다. 하지만 이제 곰씨는 예전처럼 시를 읽고 차를 마시며 평온한 시간을 보내지 못합니다. 어느새 곰씨의 의자를 토끼들이 차지해버렸기 때문입니다.

이제 어디까지가 곰씨의 공간이고 어디까지가 토끼 가족의 공간인지 경계가 모호해졌습니다. 의자는 점점 토끼 가족의 웃음소리로 가득해졌고, 곰씨는 점점 지쳐갑니다. 그러나 자신의 마음을 솔직하게 표현하지 못해 더욱 고통스럽습니다. 표현하려 애를 써보지만, 혀가 꼬이고 단어가 엉키며 마음을 제대로 전달하지 못합니다. 결국 말 대신 행동으로 표현합니다. 긴 의자에 드러눕거나, 페인트칠을 하거나, 또 다른 의자를 만들기도 합니다. 하지만 토끼 가족은 곰씨의 마음을 알아차리지 못한 채 여전히 곰씨의 의자에서 악기를 연주하고 춤을 춥니다.

서로가 편안한 관계를 유지하려면 적당한 거리가 필요합니다. 그러나 현실에서는 서로의 경계를 넘지 않고 존중해주는 것이 쉽지 않습니다. 관계가 가까워질수록 자신만의 공간이 필요하다는 말을 솔직하게 표현하기가 생각보다 어려워서입니다.

긴 고뇌 끝에 곰씨는 마지막 방법까지 생각해냅니다. 토끼 가족에게 솔직하게 말하는 것보다 더 쉬운 방법이라고 판단을 했을 것입니다. 그는 자신의 똥으로 의자에 영역을 표시합니다. 하지만 더 절망적인 것은, 비가 내린다는 사실이었습니다.

"말도 안 돼! 날 보고 더 이상 어쩌란 말이야. 내가 얼마나 노력했는데. 난 세상에 다시없는 친절한 곰이라고."

곰씨가 마지막까지 놓지 못했던 것은 '친절'이었습니다. '친절함'이

미덕이라는 가르침을 받아온 우리에게 공감이 가는 이야기입니다. 하지만 "자신에게 친절하라"는 말은 누구도 해주지 않았습니다. 이것이 곰씨가 그토록 힘들었던 까닭이기도 합니다. 자신이 바라는 것이 무엇인지를 알지만 친절하고 싶었던 마음에 차마 말하지 못했던 것입니다.

))) 곰씨의 용기 있는 선택 (((

그러나 곰씨는 스스로 깨닫습니다. 자신을 희생하며 타인의 기대에 맞추는 것이 오히려 진정한 친절이 아니라는 것을. 마침내 커다란 용기를 내어 토끼 가족에게 자신의 느낌과 욕구를 솔직하게 고백하고, 구체적으로 부탁합니다. 토끼 가족은 그제야 곰씨의 마음을 이해합니다. 어쩌면 토끼 가족 또한 혼자 있는 곰씨를 배려하는 마음에서 자주 방문했을지도 모릅니다. 만약 더 일찍 서로의 바람을 솔직하게 주고받았더라면, 적당한 거리를 두면서 편안한 관계를 유지할 수 있었을 것입니다.

한 번도 의자에서 벗어난 적이 없었던 곰씨는 드디어, 의자의 경계를 넘어 숲으로 향합니다. 한 번도 가보지 않은 길에서 바람이 전해주는 새소리, 꽃내음, 햇살을 온몸으로 받아들였습니다. 이제 그는 자신의 공간을 지키는 법을 배웠습니다. 어렵게 용기를 낸 덕분에 새로운 세계를 경험할 수 있었습니다.

곰씨의 모습은 우리에게 많은 것을 시사합니다. 곰씨가 거절하지 못해 괴로워했던 순간들은 우리가 일상에서 마주하는 상황과 크게 다르지 않습니다. 거절해야 하는 상황에서도 선뜻 "No"라고 말하지 못했던 경험, 상대의 기대를 저버릴까 고민하며 망설였던 기억이 떠오르지 않나요? 왜 우리는 거절을 어려워할까요? 그때 우리의 머릿속에는 어떤 생각들이 스치는 걸까요? 이제 곰씨의 이야기를 통해 우리의 내면을 탐색하며 거절하기를 연습해보겠습니다.

))) 곰씨의 입장에서 거절하기 (((

- 거절하지 못하는 곰씨의 고민은 이렇게 정리할 수 있습니다.

  오지 못하게 하면 다음에 다시는 안 올까봐.
  솔직하게 말하면 서먹하고 불편해질까봐.
  상처받을까봐.
  솔직하게 말할 용기가 없어서.
  이기적이라고 생각할까봐.
  좋은 관계가 깨질까봐.
  친절한 곰이 되고 싶어서.

- 이런 고민에 대한 욕구와 느낌

  욕구 : 소속감, 연결, 관심, 나눔, 우정, 가까움, 친밀한 관계, 따뜻함…….
  느낌 : 신경 쓰이는, 진땀 나는, 괴로운, 난처한, 곤혹스러운, 암담한…….

- 거절함으로써 충족되는 욕구와 느낌

  욕구 : 홀가분함, 자유로움, 여유, 명료함, 정직, 자기표현, 자신감, 자기보호

느낌 : 진정되는, 용기 나는, 느긋한, 긴장이 풀리는, 당당한, 기운이 나는, 가벼운, 편안한

- **상대방**(토끼 가족)**이 곰씨를 계속 찾아갈 때의 욕구와 느낌**

  욕구 : 연결, 재미, 즐거움, 관심, 우정, 나눔, 친밀한 관계, 호감, 유대, 도움, 배려

  느낌 : 신나는, 흐뭇한, 친밀한, 편안한, 흥미로운, 끌리는, 짜릿한

거절하지 못하는 곰씨의 고민을 탐색하면서 그의 욕구와 느낌을 들여다보니 어떠신가요? 곰씨가 쉽게 "No"라고 말하지 못했던 이유가 좀 더 명확해졌습니다. 사실 곰씨는 단순히 거절을 어려워했던 것이 아니라 소속감과 연결, 친밀함을 유지하고 싶은 마음이 컸던 것입니다. 우리가 거절을 망설이는 이유 역시 이와 다르지 않습니다. 거절은 관계를 끊는 것이 아니라 나의 욕구를 존중하며 편안한 관계를 만들어가는 과정입니다. 이제 곰씨의 이야기를 바탕으로 자신의 경험도 돌아보며, '거절'이라는 선택을 조금 더 편안하게 받아들일 수 있기를 바랍니다.

잠깐 자신의 상황을 생각해보며 거절하기를 연습해볼까요?

상황

_____

_____

- 거절을 망설이는 이유 : _____

- 이런 이유들에 대한 나의 욕구와 느낌

    욕구 : _____

    느낌 : _____

- 거절함으로써 충족되는 욕구와 느낌

    욕구 : _____

    느낌 : _____

- 상대방이 부탁할 때 욕구와 느낌

    욕구 : _____

    느낌 : _____

7

공감하기

안아주기

/ 나호열 /

어디 쉬운 일인가
나무를, 책상을, 모르는 사람을
안아준다는 것이
물컹하게 가슴과 가슴이 맞닿는 것이
어디 쉬운 일인가
그대, 어둠을 안아보았는가
무량한 허공을 안아보았는가
슬픔도 안으면 따뜻하다
미움도 안으면 따뜻하다

가슴이 없다면

우주는 우주가 아니다

《울타리가 없는 집》_나호열(에코리브르, 2023)

　자신을 안아주는 일이 선행되어야 비로소 누군가를 온전히 품을 수 있습니다. 스스로를 이해하고 받아들일 때 타인을 따뜻하게 맞이할 공간이 마음에 생깁니다. 하물며 나와 다른 세계에 존재하는 낯선 타자를 끌어안고 서로의 마음을 맞닿게 하는 일은 더 어렵습니다. 그것은 단단한 어둠을 안는 것처럼, 무량한 허공을 품는 것처럼 쉽지 않은 과정입니다. 그러나 어둠 속에서 깊은 슬픔을 경험해본 사람, 허공처럼 텅 빈 가슴으로 아픔을 견뎌본 사람은 타인의 상처를 깊이 이해할 수 있습니다. 그 벽을 넘어 서로의 가슴이 맞닿는 순간, 딱딱했던 마음은 부드러워지고 따뜻함과 생명력으로 가득 차게 됩니다.

　타인의 슬픔을 안아줄 수 있다는 건, 내 마음에 여백이 있다는 의미입니다. 그 여백을 내어 타인의 마음을 들일 때 우리는 서로를 통해 더 넓은 세계를 마주하게 됩니다. 결국, 공감이란 단순히 상대의 이야기를 듣는 것이 아니라 내 안의 공간을 넓혀 그 사람을 온전히 받아들이는 과정입니다. 이러한 마음을 바탕으로 한 '공감하기'에 대해 살펴보겠습니다.

공감으로 듣기
존재로 함께하기

비폭력대화의 네 가지 요소인 관찰, 느낌, 욕구, 부탁을 살펴보았습니다. 본 그대로 들리는 그대로 관찰하고, 자신의 느낌을 인식하고, 무엇이 필요한지 자각하고, 스스로에게 필요한 것을 명확하게 요청하는 과정이었습니다. 이제는 이러한 과정을 다른 사람의 입장에서 알아차리고, 상대방의 말을 공감하며 듣는 단계로 나아갈 차례입니다. 비폭력대화에서는 이를 '공감으로 듣기'라고 합니다.

공감은 상대를 바꾸려는 것이 아니라, 있는 그대로의 상대를 받아들이는 것입니다. 상대의 감정과 욕구를 온전히 인정하고 함께하는 순간, 서로의 마음속에 따뜻한 연민의 공간이 만들어집니다. 상대방이 자신의 감정을 솔직하게 표현할 수 있도록 돕고, 있는 그대로 존중받고 있음을 느끼게 하는 것이 공감의 핵심입니다.

공감은 단순히 듣는 것을 넘어, 상대의 내면에 흐르는 감정을 함께 경험하는 것입니다. 누군가 자신의 말에 진심으로 귀 기울여줄 때 우리는 단순한 위로를 넘어 자신과의 연결감을 되찾습니다. 자기 내면의 생동하는 감정을 들여다볼 때, 스스로를 긍정적으로 바라보는 힘이 생깁니다. 또한 자신의 가치가 존중받고 수용되었다는 느낌을 받으며 안정감을 얻습니다.

"무엇인가를 하려고 하지 말고 그곳에 그대로 있어라."

불교의 가르침 중 이런 구절이 있습니다. 공감이란 상대가 이야기를 충분히 풀어낼 수 있도록 아무것도 하지 않고, 온전히 그 자리에 머무는 것입니다. 우리는 대개 상대를 빨리 안심시키고 편안해지기를 바라는 마음에서 위로나 격려의 말을 건넵니다. 더 나아가 조언이나 충고를 하며 상대의 감정을 변화시키려 합니다. 하지만 진정한 공감이란 자신의 생각과 감정을 내려놓고, 오직 상대의 마음에 집중하는 것입니다. 판단 없이, 해결하려는 마음 없이, 있는 그대로의 감정을 존중하는 것입니다.

그러나 현실에서는 공감받지 못해 힘들어하는 사람들이 많습니다. '공감'이라는 단어는 흔하게 들리지만, 실제로 누군가 자신의 이야기를 깊이 들어주고, 진심으로 이해해주는 경험은 그리 흔치 않습니다. 때때로 사람들은 자신의 말만 늘어놓으면서 정작 타인의 이야기는 들으려 하지 않습니다. 상대가 말을 꺼낼 수 있도록 고요히 기다려주는 침묵의 순간도 필요합니다. 현대 사회가 점점 더 경쟁적으로 변화하면서, 개인의 감정과 고통을 쉽게 간과하거나 단순한 조언과 해결책으로 덮어버리는 경향이 있습니다. 그러나 진정한 공감은 문제 해결이 아니라, 상대방의 감정에 함께 머물러주는 것에서 비롯됩니다.

비폭력대화에서는 공감을 실천하는 구체적인 방법을 제시합니다.

앞서 살펴보았듯, 인간이라면 누구나 공통된 느낌과 욕구가 있습니다. 상대가 지금 충족되지 않은 욕구 때문에 힘들어한다는 사실을 인식하는 것만으로도 공감은 시작됩니다. 상대가 자신의 이야기를 들려줄 때, 단순한 듣기를 넘어 그 말 뒤에 숨겨진 느낌과 욕구에 초점을 맞춰야 합니다. 상대가 어떤 감정을 느끼는지, 무엇을 필요로 하는지 조심스럽게 질문하며 함께 탐색하는 과정이 중요합니다. 처음에는 막연하고 모호했던 감정과 욕구가 이러한 질문을 통해 점차 선명해집니다. 그 과정에서 상대는 자신의 감정을 더욱 깊이 들여다볼 수 있고, 스스로 욕구를 더욱 명확하게 인식하게 됩니다.

이처럼 공감은 단순한 대화의 기술이 아니라, 관계를 깊이 연결하는 과정입니다. 상대방의 감정을 이해하고 공감하는 순간, 우리는 서로의 마음속에 따뜻한 연결고리를 만들 수 있습니다. 이제, 어떻게 하면 더 깊이 공감할 수 있을지에 대해 함께 고민해보겠습니다. 그 실마리를 한 권의 그림책에서 찾아볼 수 있습니다.

들어주는 힘
가만히 들어주었어

《가만히 들어주었어》_코리 도어펠드 글그림, 신혜은 옮김(북뱅크, 2019)

책의 표지를 보면, 아이와 토끼가 서로를 꼭 껴안고 있습니다. 그들의 표정에서는 깊은 신뢰와 위로가 느껴집니다. 눈을 감은 채 평온한 모습으로 기대고 있는 두 존재, 이들 사이에는 어떤 이야기가 있었을까요?

　책장을 넘기면, 테일러가 등장합니다. 자신감 넘치는 모습으로, 커다란 눈동자를 반짝이며 양손을 허리에 올린 채 당당하게 서 있습니다. 그의 앞에는 블록으로 공들여 쌓은 성이 우뚝 서 있습니다. 테일러는 자신이 만든 성을 바라보며 의기양양해합니다. 그러나 갑작스럽게 날아온 새들로 인해 성이 무너지고 맙니다. 순식간에 모든 것이 사라지자, 테일러는 충격과 상실감에 빠집니다.

이때 여러 동물들이 등장하여 저마다의 방식으로 테일러를 위로하고 도우려 합니다. 닭은 "말해 봐. 말해 봐. 어떻게 된 건지 말해 봐!"라며 당사자보다 더 다급하게 행동합니다. 테일러는 말하고 싶지 않았습니다. 다음으로 곰이 다가와서는 화가 날 땐 소리를 지르라고 합니다. 코끼리는 원래 어떤 모양이었는지 잘 떠올려보라며 해결해주고 싶어 합니다. 하이에나는 그냥 웃어버리라고 합니다. 타조는 아무 일도 없었던 듯 숨어버리라고, 자신이 직접 바닥에 머리를 숨기며 행동으로 보여줍니다. 캥거루는 흩어져 있는 블록을 보며 엉망진창이니 싹싹 치워버리라고 합니다. 그리고 자신의 배에 붙은 작은 주머니에 블록을 쓸어 담는 모습을 보여줍니다. 마지막으로 뱀이 와서는 다른 것도 무너뜨려 복수를 하자고 귓속말을 합니다.

동물들은 각자의 경험을 바탕으로 이 상황에서 벗어날 방법을 제안합니다. 그러나 테일러는 그 누구와 아무것도 하고 싶지 않습니다. 각 동물들은 자신만의 관점에서 테일러에게 해결책을 제시하지만, 테일러는 그 누구의 조언도 받아들이고 싶지 않습니다.

))) 공감의 시작은 함께하는 것 (((

누군가 어려운 상황에 놓여 있을 때 우리는 본능적으로 도와주고 싶어 합니다. 타인의 고통을 함께 아파하는 마음, 측은지심이 있기 때문입니다. 하지만 때때로 우리는 상대가 진짜 원하는 것이 무엇인지를 충분히 살펴보지 않은 채 서둘러 해결하려 합니다. 테일러의 마음을 움직이지 못한 이유도 여기에 있습니다. 상처가 아직 아물지 않은 상태에서 쏟아지는 조언과 위로는 오히려 부담이 될 수 있습니다.

이때 조용히 다가온 존재가 있습니다. 바로 토끼입니다. 테일러는 등을 돌리고 웅크린 채 눈물을 흘립니다. 토끼는 아무 말 없이, 다만 그 곁에 머무릅니다. 그리고 함께 그 감정을 느낍니다. 테일러가 스스로 속마음을 털어놓을 수 있도록 기다려줍니다. 공감은 자주 말이 아니라 침묵 속에서 이루어집니다.

))) 토끼의 공감법 (((

1) 침묵과 경청으로 공감한다.

- 토끼는 아무 말도 하지 않고, 다만 테일러의 옆에서 함께 머뭅니다.
- 테일러가 울고 있을 때, 재촉하지 않고 조용히 곁에 머물며 기다려줍니다.
- 토끼는 테일러가 스스로 감정을 정리할 시간을 충분히 줍니다.
- 커다란 귀를 쫑긋 세운 모습은 경청하려는 태도를 보여줍니다.

2) 감정을 존중한다.

- 토끼는 테일러가 슬픔을 충분히 느낄 수 있도록 그 감정을 있는 그대로 받아들입니다.
- 어떤 해결책을 강요하거나, 감정을 바꾸려 하지 않습니다.

3) 심리적 안정감을 제공한다.

- 토끼는 테일러의 등에 살짝 기대어, 물리적으로도 따뜻한 존재감을 전합니다.
- 테일러가 혼자가 아니라는 것을 조용히 보여줍니다.

진정한 공감이란 감정을 바꾸거나 해결하는 것이 아니라, 그 감정과 함께 머물러주는 것임을 보여줍니다. 토끼가 보여준 공감의 방식은 우리가 일상에서 실천할 수 있는 중요한 태도를 가르쳐줍니다. 누군가 상처받았을 때, 우리는 서둘러 해결하라고 하기보다 그 감정을 충분히 흘려보내도록 곁에 있어주는 것만으로도 큰 힘이 될 수 있습니다. 공감은 특별한 기술이 아닙니다. 때로는 가만히 곁에 있는 것만으로도 충분합니다.

▶ **공감을 가로막는 장애물**

그림책 《가만히 들어주었어》에서 본 것처럼 우리는 충분히 상대를 공감하고 있다고 생각하지만 정작 당사자는 말하고 싶은 마음이 저 멀리 달아나버릴 때가 있습니다. 비폭력대화에서 공감이란 판단하거나 평가하지 않고 상대가 느끼는 감정의 공간에 온전히 머물며, 그 순간 무엇이 중요한지를 탐색해가는 과정입니다. 그러나 현실에서는 공감을 방해하는 요소들이 자주 등장합니다. 앞서 그림책에서 확인했듯이, 여러 동물의 말과 행동은 테일러의 마음을 풀어주지 못했습니다. 현실에서도 공감을 해준다고 생각하지만, 오히려 상대가 더 말하고 싶지 않게 만드는 경우가 많습니다. 이제 공감을 방해하는 요소들을 살펴보겠습니다.

))) 공감을 방해하는 열 가지 요소 (((

❶ 조사, 심문

닭 : "말해 봐. 말해 봐. 어떻게 된 건지 말해 봐!"

닭은 테일러보다 더 다급하게 상황을 파악하려 합니다. 테일러는 아직 말할 준비가 되지 않았습니다. 감정을 충분히 정리할 시간을 주지 않고 계속 추궁하면 상대방은 오히려 위축될 수 있습니다. 공감은 상대가 편안하게 자신의 감정을 표현하도록 기다려주는 과정에서 비롯됩니다.

❷ 충고, 조언

곰 : "정말 화가 나겠다. 그럴 땐 소리를 질러!"

곰은 테일러가 감정을 충분히 느끼기보다 화를 내며 풀라고 조언합니다. 그러나 감정은 억누르거나 즉각적으로 해소하는 것이 아니라, 자연스럽게 흘러가도록 지켜보는 것이 중요합니다. 조언을 하고 싶다면, "조언을 해도 될까?"라고 상대의 동의를 구하는 과정이 필요합니다.

❸ 분석, 진단, 설명

코끼리 : "원래 어떤 모양이었는지 잘 떠올려봐."

코끼리는 상황을 분석하고 해결책을 제시하려 합니다. 그러나 지금 테일러가 원하는 것은 문제 해결이 아니라 감정을 나누는 것입니다. 원래 모양을 기억하라는 말은 분석적 접근으로 테일러의 현재 감정을 외면하고 해결책을 우선시하는 태도입니다.

❹ 한 번에 딱 자르는 말

하이에나 : "그냥 웃어버려."

하이에나는 테일러가 느끼는 슬픔을 가볍게 여기고, 단순히 웃어넘기라고 합니다. 감정을 쉽게 덮어버리려는 태도는 상대방에게 '네 감정은 중요하지 않아'라는 메시지를 전달할 수 있습니다. 상대의 감정을 가볍게 여기지 않고 충분히 존중하는 것이 공감의 시작입니다.

❺ 감정의 흐름을 중지하기

타조 : (바닥에 머리를 숨기며) "그냥 아무 일 없던 것처럼 숨어버려!"

타조는 감정이 자연스럽게 흐르지 못하도록 막습니다. 테일러가 자신의 감정을 표현할 기회를 빼앗고, 감정을 억누르게 만듭니다. 불편한 감정을 직면하기보다는 다른 방향으로 돌리는 태도입니다.

❻ 즉각적인 해결책 제시

캥거루 : "엉망진창이네. 그럴 땐 싹싹 치워버리는 거야!"

캥거루는 감정을 충분히 느끼기도 전에 행동을 강요하며 해결책을 재촉합니다. 감정을 수습하는 것보다 빨리 정리하는 것에 집중하면, 상대방은 자신의 감정이 존중받지 못한다고 느낄 수 있습니다. 감정은 억지로 정리하는 것이 아니라, 자연스럽게 흘러가도록 기다려줘야 합니다.

❼ **부정적인 감정 부추기기**

뱀 : "우리 같이이이 다른 애들 거 무너뜨려버리자아아아."

뱀은 감정을 솔직하게 표현할 기회를 주기보다 분노를 부추깁니다. 감정이 부정적으로 확장되면, 상대방은 더욱 혼란스러워질 수 있습니다. 공감은 상대의 감정을 있는 그대로 받아들이고, 부정적인 방향으로 흐르지 않도록 돕는 과정입니다.

❽ **동정**

동정하기는 상대방의 감정을 깊이 공감하기보다는 불쌍하게 여기는 태도입니다. 만약 "어머, 너무 안됐다"라고 말하는 것은 상대가 처한 상황을 이해하려 하기보다, 자신의 감정을 표현하려는 시도라고 볼 수 있습니다. 공감은 상대와 동등한 입장에서 감정을 함께 경험하는 것입니다.

❾ **내 경험 들려주기, 맞장구치는 말**

만약 동물들이 "나도 예전에 비슷한 일을 겪었어"라는 말을 했다면, 이 말은 공감을 표현하려는 의도일 수 있지만, 이야기는 사람보다 나의 경험에 초점을 맞추게 됩니다. 상대의 감정이 충분히 표현되기 전에 화제를 나에게 돌리면, 상대방은 자신의 이야기를 계속할 동력을 잃을 수 있습니다. 공감은 내 이야기를 하는 것이 아니라 상대의 이야기를 적극적으로 듣는 것에서 나아갑니다.

❿ **위로**

"괜찮아질 거야"라고 위로하는 말은 따뜻하지만, 감정을 충분히 머물게 하기보다 서둘러 끝내려는 느낌을 줄 수 있습니다. 감정은 자연스럽게 흘러가야 하는데, 너무 빨리 "괜찮아"라고 말하면 상대방은 자신의 감정을 표현할 기회를 잃고 맙니다. 공감은 서둘러 해결하는 것이 아니라 그 감정을 그대로 인정하는 것입니다.

여러 동물들은 테일러를 위로하거나 문제를 해결해주려고 노력했지만, 테일러의 감정을 온전히 받아주지 못했습니다. 하지만 토끼는 어떤 말도 하지 않고, 테일러의 곁에서 조용히 함께하며 공감합니다.

비폭력대화에서는 진정한 공감이 침묵 속에서도 이루어질 수 있으며, 반드시 말을 해야 하는 것은 아니라고 합니다. 이 점에서 토끼의 행동은 진정한 공감의 좋은 예시가 됩니다. 반면 다른 동물들은 테일러를 돕고 싶어 했지만, 오히려 공감을 방해하는 요소들로 인해 테일러의 감정에 충분히 머물지 못했습니다.

))) 공감의 핵심은 들어주기 (((

속상한 일이 있어서 어렵게 이야기를 꺼냈는데, 상대방이 위로하려고 조언이나 충고를 하면 기분이 어땠나요? 만약 이런 일이 반복된다면, 더 이상 속 깊은 대화를 하고 싶지 않게 됩니다.

공감의 핵심은 말이 아니라 경청입니다. 토끼처럼 침묵과 경청으로 감정을 충분히 받아들이는 것이 진정한 공감입니다.

연습 5 공감으로 듣기

공감으로 듣기에서는 상대방의 말에 귀 기울여 느낌과 욕구를 이해하려는 태도가 중요합니다. 아래는 공감으로 듣기를 연습할 수 있는 다섯 가지 상황 예시입니다. 각 상황에서 상대방의 느낌과 욕구를 추측해보세요. (앞서 살펴보았던 그림책 《하루거리》, 《하늘을 나는 사자》, 《곰씨의 의자》를 참고했습니다.)

상황 1

순자가 들판에서 혼자 나물을 뜯고 있는데, 멀리서 웃고 떠드는 아이들 무리가 보입니다.

순자의 느낌 : _____

순자의 욕구 : _____

상황 2

분이는 순자를 돕기 위해 다른 동무들과 함께 일손을 나눕니다.

분이의 느낌 : _____

분이의 욕구 : _____

상황 3

사자가 "나는 낮잠을 자는 게 취미야"라고 말했을 때, 고양이들은 깔깔깔 웃었습니다.

사자의 느낌 : _____

사자의 욕구 : _____

상황 4

곰씨는 토끼 가족에게 혼자 있는 시간이 필요하다고 말하고 싶었지만 정작 말을 꺼내지 못했습니다.

곰씨의 느낌 : _____

곰씨의 욕구 : _____

상황 5

"내가 얼마나 노력했는데. 난 세상에 다시없는 친절한 곰이라고." 곰씨는 혼자 울부짖습니다.

곰씨의 느낌 : _____

곰씨의 욕구 : _____

8

듣기 불편한 말과
네 가지 선택

인간성에 대한 반성문 2

/ 권정생 /

도모꼬는 아홉 살
나는 여덟 살
이 학년인 도모꼬가
일 학년인 나한테
숙제를 해달라고 자주 찾아왔다.

어느 날, 윗집 할머니가 웃으시면서
도모꼬는 나중에 정생이한테
시집가면 되겠네
했다.

앞집 옆집 이웃 아주머니들이
모두 쳐다보는 데서
도모꼬가 말했다.
정생이는 못생겨서 싫어요!

오십 년이 지난 지금도
도모꼬 생각만 나면
이가 갈린다.

《사람의 문학》(1997년 가을호)

권정생 선생님의 글은 언제 읽어도 생동감이 있습니다. 선생님의 소박함과 순수함이 그대로 녹아 있어 더욱 그렇습니다. 권정생 선생님은 평생 시골 교회에서 종지기를 하며 사셨고, 동화책을 펴내 벌어들인 인세 수입을 북한 어린이를 위해 써달라는 유언을 남기셨습니다. 그의 글에는 삶의 진솔함과 인간에 대한 깊은 사랑이 깃들어 있습니다.

이 시를 처음 읽으면 자연스레 웃음이 나옵니다. 그러나 마지막 구절인 '이가 갈린다'라는 표현에서 그때의 상처가 얼마나 깊었는지 여실히 드러납니다. 더욱 흥미로운 점은 반성하는 주체가 시인 자신이라는 사실입니다. 반성을 해야 할 사람은 '도모꼬'여야 할 것 같지만, 50년이 지난 후에도 시인은 여전히 '이가 갈리는' 자신의 마음을 되돌아보며 반성하고 있습니다.

오랜 세월이 흘렀음에도 여전히 미움을 버리지 못하는 자신의 인간성을 반성하는 시인의 모습은 우리에게 많은 생각할 거리를 던져줍니다다. 우리는 살아가면서 누군가에게 상처받는 말을 듣고, 그것이 오랫동안 마음에 남아 고통으로 자리 잡는 경험을 할 때가 있습니다. 어떤 말은 시간이 지나도 쉽게 지워지지 않고 우리의 삶에 깊은 흔적을 남깁니다. 때로는 의식적으로 잊었다고 생각하지만 내면 깊이 자리 잡고 있다가 예상치 못한 순간 불쑥 떠오릅니다.

　권정생 선생님의 시는 단순한 유년 시절의 에피소드를 넘어 인간의 감정과 기억, 그리고 그것을 마주하는 태도에 대한 깊은 성찰을 담고 있습니다. 과거의 상처를 어떻게 받아들이고, 어떤 시선으로 바라볼지에 대해 다시 한번 생각해보게 합니다.

선택이 중요해!
불편한 말을 들었을 때

다른 사람의 말과 행동이 우리의 감정을 자극할 수는 있지만 느낌의 직접적인 원인이 되는 것은 아닙니다. 같은 말을 듣더라도 그 순간의 마음 상태나 해석하는 방식에 따라 느낌은 달라집니다. 이는 상대방의 말과 행동을 어떻게 받아들이느냐가 관건입니다.

그렇다면 어떤 말을 들으면 마음이 불편해지는 걸까요?

우리는 상대방의 말을 자신에 대한 평가로 받아들이기도 합니다. 특히 비판이나 불만이 담긴 말을 들을 때, 그 말이 자신의 존재 가치나 능력을 부정하는 것처럼 느껴져 방어적인 태도를 취하게 됩니다. 또한 상대방이 무엇을 느끼고 원하는지를 이해하기보다 표면적인 말의 내용에만 집중하면서 감정적인 충돌이 커지기도 합니다.

이러한 반응에는 과거의 경험도 영향을 미칩니다. 어린 시절 존중받지 못했던 기억, 혹은 최근에 겪은 갈등이 떠오르면서 상대의 말이 더욱 아프게 다가올 수 있습니다. 때로는 단순한 한마디조차 과거의 상처를 건드려, 당시의 감정을 다시 경험하는 듯한 기분이 듭니다. 이런 경험들은 우리가 상대방의 말을 객관적으로 받아들이는 것을 방해하고, 감정을 더욱 격앙시키는 원인이 되기도 합니다.

그렇다면 불편한 말을 들었을 때 우리는 어떤 선택을 할 수 있을까요? 네 가지 방법을 다음 예시문에 대한 반응으로 살펴보겠습니다.

예시문 : "너는 어쩜 그렇게 너밖에 모르냐?"

1) 자신 탓하기

상대방의 말을 그대로 받아들이고 자신을 비난하는 경우입니다. 상대의 판단을 내면화하며 자책하게 됩니다. 이러한 선택은 죄책감과 수치심을 유발하며, 결국 우울감으로 이어질 수 있습니다.

반응

"나는 정말 나만 생각하는 이기적인 인간인가봐. 어떡하지?"

이처럼 상대의 말을 사실로 받아들이고, 자신을 비난하며 위축되는 반응을 보입니다.

2) 상대 탓하기

상대방의 말을 반박하고, 그를 비난하며 공격하는 방식입니다. 자신의 감정을 상대방 탓으로 돌리면서 책임을 전가합니다. 이 선택은 분노를 증폭시키고 상대와의 갈등을 더욱 깊어지게 합니다.

반응

"그러는 너는? 너야말로 남 생각은 눈곱만큼도 안 하잖아!"

이처럼 감정을 그대로 쏟아내며 상대를 공격하면, 문제 해결보다는 감정적인 충돌만 커집니다.

3) 자신의 느낌과 욕구 알아차리기

불편한 말을 들었을 때 자신의 내면을 돌아보는 선택입니다. 감정을 있는 그대로 인식하고, 그 감정의 원인이 되는 욕구를 찾아봅니다. 이를 통해 자신을 공감하고 스스로와 연결할 수 있습니다.

반응

"당신이 '너는 어쩜 그렇게 너밖에 모르냐?'라고 말했을 때, 저는 당황스럽고 속상했어요. 왜냐하면 저는 나름대로 노력하고 있다는 것을 당신이 이해해주길 바랐기 때문이에요."

이처럼 자신의 느낌과 욕구를 인식하고 표현하면 감정이 정리되고, 내면이 한층 평온해집니다.

4) 상대의 느낌과 욕구 알아차리기

상대의 말을 공감으로 듣는 것입니다. 상대가 느끼는 감정과 욕구를 이해하려고 노력하며 진심으로 들어줍니다. 이로써 상대와의 감정적 거리감을 줄이고 더 깊은 유대감을 형성할 수 있습니다.

반응

"제게 배려받기를 원하셨는데 만족스럽지 못해서 실망하셨어요?"

상대의 감정을 수용하고 공감하는 태도를 보이면, 상대도 감정적으로 안정되고 마음의 평화를 찾을 수 있습니다.

불편한 말을 들었을 때, 우리는 감정적으로 즉각 반응하기보다 먼저 자신의 감정을 살펴보고, 상대의 감정에 대해 이해하려는 노력을 기울여야 합니다. 네 가지 선택 중 어떤 태도를 취하느냐에 따라 관계의 방향이 달라질 수 있습니다. 자신의 감정과 욕구를 존중하면서도 상대방과 진정으로 연결되는 대화를 시도해보면 어떨까요?

소피, 나무가 틀렸어!
소피가 속상하면, 너무너무 속상하면

《소피가 속상하면, 너무너무 속상하면》_몰리 뱅 글그림, 박수현 옮김(책읽는곰, 2015)

이 그림책은 '소피 시리즈'답게 감정이 일어나는 과정을 소피의 경험을 통해 생생하게 보여줍니다. 소피를 속상하게 한 일은 무엇일까요? 그리고 불편한 말을 들었을 때 소피는 어떤 선택을 했을까요? 함께 살펴보겠습니다.

멀리 선생님이 '자신이 좋아하는 나무 한 그루'를 정해서 그림을 그리라고 했습니다. 숲을 좋아하고 그림 그리기를 즐기는 소피에게는 선물 같은 시간입니다. 소피는 너도밤나무 밑동의 생김새와 나뭇가지가 어디로 뻗어 있는지 찬찬히 살펴봅니다. 나무에 올라가 거친 껍질의 질감과 햇살에 반짝이는 이파리의 색을 관찰한 후, 나무를 꼭 끌어안고 그 느낌을 가슴에 담은 채 집으로 돌아옵니다.

다음 날 학교에서 소피는 자신이 관찰한 대로 그림을 그립니다. 그녀에게 나무는 단순한 사물이 아니라 마음과 연결된 존재입니다. 그래서 나무는 파란색, 하늘은 주황색으로 칠합니다. 어두워 보이는 이파리에 노랑과 초록을 섞어 연초록빛을 더합니다. 소피는 자신의 마음처럼 나무를 밝고 환하게 그리고 싶었습니다.

그런데 옆에 있던 앤드루가 확신에 찬 목소리로 말합니다.

"소피, 나무가 틀렸어. 진짜 나무는 파란색이 아니야!"
"하늘도 괴상한 주황색이잖아!"
"소피, 진짜 나무를 그리기로 했잖아. 너, 잘못 그렸어."

옆에 있던 친구들이 키득키득 웃습니다.

소피는 나무의 이파리와 줄기의 질감을 세심하게 관찰한 뒤, 그 튼튼하고 밝은 느낌을 그림으로 표현했습니다. 하지만 친구들의 비웃음이 소피의 마음을 아프게 합니다. 얼굴이 화끈 달아오르고, 뺨 위로 눈물이 흘러내립니다. 부끄러워 어디론가 숨고 싶고, 결국 자신의 잘못이라 여기며 스스로를 탓하기 시작합니다. 자신이 그린 그림도 보기 싫고, 급기야 그림 그리는 것 자체가 싫어집니다.

"누구나 가끔 속상할 때가 있어요. 그 마음을 푸는 방법이 저마다 다르지요. 믿을 수 있는 친구에게 얘기하거나, 선생님이나 부모님에게 털어놓기도 해요. 나는 속상해도 다른 사람을 아프게 하는 것보다 낫다는 생각으로 애써 스스로를 위안하기도 합니다. 여러분은 속상할 때 어떻게 하나요?"

— 작가 몰리 뱅이 독자에게 전하는 말

))) 불편한 말을 들었을 때 소피의 네 가지 선택 (((

앞서 살펴보았듯이 비폭력대화에서는 "다른 사람의 말과 행동은 느낌을 불러일으키는 자극이 될 수는 있어도, 직접적인 느낌의 원인은 아니다"라고 말합니다. 같은 말을 듣더라도 마음 상태나 해석하는 방식에 따라 우리의 반응은 달라집니다. 즉 상대방의 말과 행동을 어떻게 받아들이느냐에 따라 우리의 감정과 행동이 결정된다는 의미입니다. 그렇다면 앞서 앤드루가 말한 불편한 말을 들었을 때 소피는 어떻게 반응할 수 있을까요? 다음 네 가지 방법을 살펴보겠습니다.

상황

소피는 자신이 좋아하는 나무를 본 대로 느낀 대로 그렸습니다. 하지만 친구 앤드루가 단호한 목소리로 말합니다.

"소피, 나무가 틀렸어. 진짜 나무는 파란색이 아니야!"
"하늘도 괴상한 주황색이잖아!"
"소피, 진짜 나무를 그리기로 했잖아. 너, 잘못 그렸어."

옆에 있던 친구들이 키득키득 웃습니다.
소피는 자신의 마음을 담아 그린 그림이 틀렸다고 말하는 친구들의 반응이 당황스럽고 속상합니다. 얼굴이 화끈 달아오르고, 눈물이 맺힙니다. 소피는 어떤 선택을 할 수 있을까요? 소피가 할 수 있는 4가지 선택을 생각해보았습니다.

1) 자신 탓하기

소피는 앤드루의 말을 듣고 이를 자신의 잘못으로 받아들입니다. 자신의 그림이 '틀렸고', '잘못되었으며', 자신이 문제라고 생각하며 자책합니다.

소피의 내면 대화
"내가 정말 나무를 이상하게 그렸나봐. 왜 파란색으로 그렸을까?"
"내가 하늘을 주황색으로 칠한 건 잘못된 선택이었어."
"내가 부족해서 친구들이 날 비웃는 거야."

결과
소피는 자존감이 낮아지고 자신의 창의성과 표현력을 스스로 억누르게 됩니다. 그림을 그리는 것에 흥미를 잃고, 창작 활동을 두려워할 수 있습니다.

2) 상대방 탓하기

소피는 앤드루의 말을 듣고 억울함과 분노를 느끼며, 앤드루를 탓합니다. 앤드루가 틀렸다고 반박하거나, 앤드루의 비난을 되받아치는 방식으로 반응합니다.

소피의 대답

"넌 그림을 이해할 줄 몰라! 예술은 사실적으로 그려야 하는 게 아니야."

"넌 항상 내 그림에만 트집 잡잖아! 다른 애들 그림은 왜 아무 말도 안 해?"

"나무를 파란색으로 그릴 수도 있는 거야. 틀린 건 네 생각이야!"

결과

앤드루와의 갈등이 커질 수 있고, 친구들과의 관계가 악화할 가능성이 있습니다. 소피는 자신의 그림을 방어하려고 하지만, 상대방의 감정과 관점에 귀 기울이지 않아 대화가 단절될 수 있습니다.

3) 자신의 느낌과 욕구 알아차리기

소피는 앤드루의 말을 듣고, 자신의 감정을 돌아보며 왜 이 말이 자신에게 상처로 다가왔는지 내면적으로 성찰합니다. 자신의 욕구와 감정을 알아차리며 스스로를 공감합니다.

소피의 내면 대화

"앤드루가 내 그림을 틀렸다고 말하니 속상하고 부끄럽네. 나는 내가 느낀 대로 자유롭게 그린 그림이 존중받길 바랐거든."

"친구들이 웃는 걸 보니 당황스럽고 민망했어. 사실 내가 그린 그림이 독창적이라는 걸 인정받고 싶었는데."

결과

소피는 자신의 감정을 인정하며 차분해질 수 있고, 스스로를 탓하거나 앤드루를 비난하지 않고도 내면의 평화를 찾을 수 있습니다. 자신의 창의성과 표현 방식을 스스로 지지하는 힘을 얻습니다.

4) 상대의 느낌과 욕구 알아차리기

소피는 앤드루의 말에서 그의 감정과 욕구를 이해하려고 노력합니다. 앤드루가 왜 그렇게 말했는지 호기심을 가지고 탐구하며 대화를 이어갑니다.

소피의 대답

"앤드루, 나무는 초록색이어야 한다고 생각했는데 내가 다르게 그려서 혼란스러웠어?"
"하늘이 주황색이라서 좀 당황스러웠나봐. 네가 기억하는 하늘색이랑 일치하기를 기대했어?"

결과

앤드루는 자신의 의견을 표현할 기회를 얻으며, 소피가 자신의 감정을 존중하고 있다는 느낌을 받을 수 있습니다.
소피는 대립 대신 대화로 갈등을 해결하고, 서로의 차이를 이해하는 데 도움을 줍니다.

))) 선택의 중요성 (((

　자신의 감정과 욕구를 표현하거나 상대방의 감정과 욕구를 공감하면 갈등 상황을 창의적인 대화로 바꿀 수 있습니다. 소피가 3번이나 4번을 선택하면, 앤드루와 친구들은 '예술에는 정답이 없다'는 것을 자연스럽게 배우게 됩니다. 이처럼 비폭력대화는 스스로의 감정을 돌아보고, 상대방의 욕구를 이해하며, 상호 존중 속에서 대화를 이어가는 데 초점을 둡니다. 또한 갈등을 더 깊이 이해하고 관계를 확장하는 기회로 만들 수 있습니다.

　그런데 그림책에서는 이러한 과정을 자연스럽게 이끌어주는 인물이 등장합니다. 바로 멀리 선생님입니다. 선생님은 소피에게 관찰한 나무를 어떻게 느꼈고, 그것을 그림에 어떻게 표현했는지 설명할 기회를 주었습니다. 동시에 앤드루에게도 자신의 관점에서 본 나무에 대해 이야기하게 해주었습니다. 이를 계기로 아이들은 상대의 입장에서 그림을 바라보게 되었고 자신의 시선만이 옳은 게 아니라는 것을 깨닫습니다. 선생님의 이러한 태도는 관찰, 느낌, 욕구의 단계를 거쳐 공감에 이르기까지 비폭력대화의 전 과정을 자연스럽게 배울 수 있도록 안내해줍니다. 이제 아이들은 그림을 바라보는 다양한 시각을 존중하며, 판단이나 평가 없이 서로의 표현을 인정하는 법을 배웁니다.

연습 6 불편한 말을 들었을 때 선택할 수 있는 네 가지 반응

불편한 말을 들었을 때 우리는 다양한 방식으로 반응할 수 있습니다. 다음 표를 참고하여 각 상황에서 어떻게 반응할지 고민해보세요.

반응	특징	결과
자신 탓하기	상대의 비난을 그대로 받아들이고 스스로를 비판함	자존감 저하, 자기비난으로 이어질 수 있음
상대 탓하기	상대방의 말에 방어적이거나 공격적으로 반응하며 상대를 비난함	갈등을 키우고, 관계가 악화할 가능성이 큼
자신의 느낌과 욕구 알아차리기	자신의 감정을 돌아보고, 욕구를 인식하며 스스로에게 공감함	내면의 평화를 얻고 감정을 조절할 수 있음
상대의 느낌과 욕구 알아차리기	상대의 말에 숨겨진 감정과 욕구를 이해하려고 노력함	갈등을 완화하고 대화의 연결성을 높일 수 있음

1. 언니(형)는 안 그러는데, 너는 왜?
2. 누구는 취직해서 자리 잡았다더라.
3. 넌 참 공감 능력이 제로다.
4. 너는 왜 그렇게 말이 많니?
5. 다른 사람들은 다 이해하는데, 왜 너만 이해를 못 하니?

9

분노를 온전하게 표현하기

독나무

/ 윌리엄 블레이크 /

나는 내 친구에게 화가 났었소.
그래서 내 분노에게 화가 났다고 말했더니 분노가 가라앉았소.
나는 내 적에게도 화가 났다오.
그런데 내 분노에게 말하지 않았더니 분노가 자라났다오.

나는 내 분노에 물을 주었소 두려운 마음으로,
내가 흘린 눈물로 주었소 밤낮으로,
볕도 쬐어주었다오 나의 미소로,
부드럽게 쬐어주었다오 가식적인 잔꾀로,

그랬더니 내 분노의 나무가 낮밤없이 자라났다오.
마침내 빛나는 사과 열매 하나가 매달렸다오.
내 적이 탐스럽게 빛나는 사과를 보았소,
그리고 그 사과가 내 것인 줄 알게 되었다오.

내 정원으로 그가 은밀히 기어들어 왔소,
밤의 장막이 나무를 가려주는 틈을 타서 말이오.
나는 아침이 되어 기쁘게 보고 있다오,
나무 아래 뻗어서 죽어 있는 내 적을 말이오.

《희망은 한 마리 새》_정경심(스토리두잉, 2024)

화를 적절히 해소하지 않고 억누르면, 우리 자신뿐만 아니라 주변 사람들에게도 부정적인 영향을 미칠 수 있습니다. 윌리엄 블레이크의 〈독나무〉는 이러한 감정의 위험성을 상징적으로 보여줍니다.

시에서 화자는 분노를 겉으로 드러내지 않고, 두려움의 눈물과 가식적인 미소로 감췄습니다. 그 감정은 마치 나무처럼 자라나 결국 탐스러운 열매를 맺었고, 마침내 그의 적을 죽음에 이르게 했습니다. 이는 억눌린 분노가 시간이 지날수록 더욱 깊어지고, 결국 예상치 못한 방식으로 터져 나올 수 있음을 경고하는 것입니다.

우리도 때때로 분노를 마음속에 감춘 채 살아갑니다. 내면의 정원에 분노의 나무를 키우면서도, 겉으로는 아무 일 없는 듯 행동하는 순간이 많습니다. 특히 자주 만나야 하는 사람일수록 갈등을 피하기 위해 솔직한 감정을 드러내기 어려울 때가 있습니다. 그러나 억눌린 분노는 결코 사라지지 않으며, 오히려 마음속에서 더욱 단단하게 자리 잡아 언젠가는 예상치 못한 방식으로 표출될 수 있습니다.

그러므로 분노를 올바르게 인식하고 온전하게 표현하는 것이 중요합니다. 감정을 솔직하게 드러내되, 상대를 비난하기보다는 자신의 욕구를 돌아보고 조화로운 소통을 시도할 때, 우리는 분노의 나무가 아닌 이해와 화해의 나무를 키울 수 있습니다.

분노의 내면 작업을 통해 자신의 마음 밭에 뿌려진 화의 씨앗들을 깊이 들여다보는 것도 중요한 과정입니다. 분노를 단순히 억누르거나 외면하기보다는, 그 감정이 어디에서 비롯되었는지 탐색하는 것이 필요합니다.

분노, 어떻게 표현할까?
분노 표현하기

일상을 살아가다 보면 크고 작은 일들로 화가 치밀어 오를 때가 있습니다. 사소한 오해에서 시작된 불편한 감정부터 깊은 상처에서 비롯된 분노에 이르기까지, 화는 다양한 모습으로 우리를 찾아옵니다. 그렇듯 화는 우리가 지닌 자연스러운 감정 중 하나입니다. 이를 어떻게 받아들이고 다스리느냐에 따라 우리 삶의 질이 달라질 수 있습니다. 결국 화를 적절히 조절하고 온전하게 표현하는 것이 평온한 삶을 위한 중요한 열쇠가 됩니다.

그러나 여전히 화라는 감정을 솔직하게 표현하기 어려운 경우가 많습니다. 화내는 사람을 보면 우리는 자연적으로 한발 물러서거나, 혹시나 같은 시선으로 비칠까 두려워 감정을 억누르기도 합니다. 그러나 그렇게 표현되지 못한 분노는 마음속 깊은 골짜기에 차곡차곡 쌓여 결국 예상치 못한 순간에 터져 나오기도 합니다. 때로는 전혀 상관없는 사람에게 화를 쏟아내는 부당한 상황이 벌어질 수도 있고, 밖으로 드러나지 않더라도 내면에서 또 다른 감정과 얽혀 스스로에게 깊은 상처를 남길 수도 있습니다.

그렇다면 우리는 이 화를 어떻게 바라보고 다룰 수 있을까요? 틱낫한 스님은 저서에서 화를 '우는 아기'에 비유하며, 분노를 다루는 방법에 대한 통찰을 제시합니다.

"화는 마치 우는 아기와 같다. 아기가 우는 것은 무엇인가가 불편하고 고통스러워서일 것이고, 그래서 엄마의 품에 안기고 싶어 한다. 우리는 화라는 아기의 어머니이다. 의식적인 호흡을 실천하기 시작하는 그 순간에 우리에게는 그 아기를 품에 안고 어르는 어머니의 에너지가 생긴다. 화를 품에 끌어안은 채 의식적으로 숨을 들이쉬고 내쉬기만 해도 그것으로 충분하다. 아기가 이내 편안함을 느낄 것이다."

《화》_틱낫한, 허우성·허주형 옮김(운주사, 2024)

화를 우는 아기에 비유한 것이 새롭습니다. 아기는 아직 자신의 불편함을 완전한 언어로 표현하지 못합니다. 온갖 몸짓과 울음으로 어머니의 관심을 끌려고 할 뿐입니다. 그런 아기를 본 어머니는 재빨리 그 필요를 알아채고 따뜻하게 보살핍니다. 마찬가지로, 화도 거부하거나 외면하기보다는 하나의 생명체처럼 인정하고 받아들이는 것이 필요합니다. 어머니의 돌봄으로 아기가 편안함을 찾듯, 우리 내면에 불어닥친 화라는 감정도 스스로 돌보고 보듬는 과정이 필요함을 일깨워줍니다.

분노를 느끼는 상황을 인식하는 것은 감정을 효과적으로 조절하는 중요한 출발점입니다. 분노가 일어날 때, 그 감정 뒤에 숨겨진 자신의 중요한 욕구가 무엇인지 깊이 들여다볼 필요가 있습니다. 우리는 종종 기대했던 것이 충족되지 않았을 때 화를 내곤 합니다. 그렇기에 "나는 지금 무엇을 원했던 걸까?"라고 스스로에게 질문해보면, 감정의 근본적인 원인을 더 명확하게 이해할 수 있습니다. 이러한 과정을 통해 마음을 한결 가라앉히고, 분노에 휘둘리는 대신 보다 현명하게 대처할 수 있습니다. 또한 반복적으로 분노를 느끼는 상황을 분석하면, 자신에게 정말 중요한 욕구가 무엇인지 발견할 수 있습니다. 이를 인식하는 것만으로도 감정을 다루는 방식이 달라집니다.

마셜 로젠버그는 모든 분노의 중심에는 충족되지 못한 욕구가 있다면서, 분노를 단순히 억누르거나 피하지 말고 자신을 일깨우는 자명종처럼 활용하라고 조언합니다. 그는 다른 사람의 말이나 행동이 우리의 분노를 자극할 수는 있지만, 궁극적으로 느낌의 원인이 될 수는 없다고 강조합니다. 즉 화가 나는 이유는 상대방의 행동 때문이 아니라, 우리 내면에서 원하는 것이 충족되지 않았기 때문입니다. 따라서 분노는 타인을 비난하거나 책임을 전가하려는 감정이 아니며, 이를 통해서 자신의 내면을 들여다보고 충족되지 않은 욕구를 탐색하는 계기가 됩니다. 예를 들어보겠습니다.

어떤 사람이 북공감 책방에서 오후 3시에 친구와 만나기로 약속했습니다. 그는 약속 시간 30분 전에 도착했습니다. 책방을 둘러보는데 읽고 싶은 책이 많아서 시간 가는 줄 몰랐습니다. 3시 20분이 되었는데도 친구가 오지 않았지만 오히려 고마웠습니다.

그와 반대의 경우도 있습니다. 아무리 둘러봐도 보고 싶은 책은 없고 올 시간이 지났는데도 친구는 오지 않았습니다. 짜증이 나고 화가 났습니다. 느낌의 원인이 다른 사람의 행동이 아니라 지금 이 순간의 나의 욕구에서 비롯된다는 걸 알 수 있습니다. 이때 상대에게 책임을 돌리기 전에 자신에게 어떤 욕구가 충족되지 않았는지 살펴보는 것이 중요합니다.

이처럼 같은 상황에서도 우리의 감정은 다르게 나타납니다. 친구가 늦었다는 사실 자체는 변함이 없지만, 화가 나는 이유는 친구의 행동 때문이 아니라 '내가 원하는 것이 충족되지 않았기 때문'입니다. 첫 번째 상황에서는 독서를 통해 지적 호기심이 충족되었지만, 두 번째 상황에서는 무료함을 달랠 방법이 없었기에 짜증이 난 것입니다.

따라서 분노가 느껴질 때, 상대를 탓하기 전에 '지금 내 안에서 어떤 욕구가 채워지지 않았는가?'를 돌아보는 것이 중요합니다. 이런 과정은 단순히 감정을 조절하는 것을 넘어, 자기 자신을 더 깊이 이해하고 보다 자연스러운 방식으로 타인과 소통할 수 있도록 도와줍니다.

화가 날 때, 어떻게 해야 할까?
소피가 화나면, 정말 정말 화나면

《소피가 화나면, 정말 정말 화나면》_몰리 뱅 글그림, 박수현 옮김(책읽는곰, 2013)

사각의 빨간색 테두리 안에 갇혀 있는 소피의 표정이 강렬하게 다가옵니다. 위로 치켜뜬 두 눈, 벌름벌름 부풀어 오르는 코, 꽉 다문 입은 여지없이 화가 난 모습입니다. 억울한 표정에 할 말이 많아 보이지만 꾹 참고 있는 듯합니다. 분노로 벌겋게 달아오른 자신의 얼굴을 거울로 본 적이 있으신가요? 그 순간의 감정은 화산이 폭발하기 직전처럼 뜨겁고 격렬할 것입니다.

　소피가 인형을 가지고 놀고 있습니다. 그런데 언니가 다가와서 "내 차례야"라며 인형을 움켜잡습니다. 소피도 인형을 빼앗기지 않으려 힘을 줍니다. 아이들을 키우는 집이라면 자주 보는 장면일 것입니다. 왜 하필 하나뿐인 그 인형만을 두고 다툼이 벌어지는 걸까요? 똑같은 인형이 두 개 있다면 아마 관심조차 두지 않았을 텐데요. 언니와 인형을 가지고 힘겨루기를 하던 소피는 그만 트럭 위로 엎어지고 맙니다.

화가 난 소피는 소리를 지르며 발을 쾅쾅 구르고, 뭐든 닥치는 대로 부숴버리고 싶을 만큼 몸과 마음이 풍선처럼 팽팽히 부풀어 오릅니다. 몸은 작지만 그림 속에서 그녀의 분노는 거인처럼 확대되어 보입니다. 소피의 입에서 분노의 불길이 활활 타오르며, 마치 모든 것을 태워버릴 것 같은 기세입니다. 주변의 물건들은 깜짝 놀란 듯 뒤집어지고 엎어지고 날아가고 사방으로 어지럽게 흩어집니다. 이토록 격렬한 분노의 순간을 경험해본 적이 있으신가요?

소피는 화산이 폭발할 듯한 강렬한 분노를 느낄 때, 자연 속으로 달려가 자신만의 방법으로 마음을 진정시키고 돌아옵니다. 그러나 일시적인 진정만으로는 분노가 완전히 사라지지 않습니다. 해결되지 않은 감정은 반복해서 우리를 찾아오기 마련이니 분노의 감정은 언제든 다시 소피 앞에 나타날 것입니다.

분노는 우리가 무언가를 바라고 있다는 신호입니다. 소피에게는 분노를 단순히 가라앉히는 것을 넘어, 이를 깊이 탐구하는 내면 작업이 필요합니다. 무엇이 소피를 그렇게 화나게 했는지, 그 감정 뒤에 숨겨진 충족되지 않은 욕구는 무엇인지 스스로에게 질문해보아야 합니다. 분노를 억제하거나 폭발시키기보다, 이해하고 다룰 힘을 기를 때 진정한 감정의 성숙으로 이어질 것입니다. 분노를 통해 우리는 소피의 마음속 깊이 있는 욕구를 발견하고, 이를 조화롭게 표현할 방법을 함께 고민할 수 있습니다.

))) 분노의 내면 작업 (((

1) 화가 났을 때의 상황을 떠올려 봅니다. (관찰의 방식)

소피가 인형을 가지고 한창 놀고 있는데, 언니가 다가와 "내 차례야!"라고 말했다. 소피는 "아냐!"라고 했지만, 엄마가 "맞아! 이제 언니 차례다"라고 말했다. 언니가 인형을 낚아채는 바람에…… 소피는 트럭 위로 엎어졌다.

2) 화난 상대에 대해 자동으로 떠오르는 자칼 메시지(비난하는 생각)**를 씁니다.**

- 언니는 나한테 양보해야 했어!
- 엄마는 내 편을 들어줘야 했어!
- 나는 더 오래 가지고 놀 자격이 있어!
- 엄마랑 언니는 나를 무시하고 있어!

3) 자칼 메시지를 하나씩 되뇌어봅니다.

- "나는 나 자신에게 '언니는 나한테 양보해야 했어!'라고 이야기하고 있구나."

- "나는 나 자신에게 '엄마는 내 편을 들어줘야 했어!'라고 이야기하고 있구나."

- "나는 나 자신에게 '엄마랑 언니는 나를 무시하고 있어!'라고 이

야기하고 있구나."

4) 자칼 메시지 뒤에 있는 욕구를 찾아봅니다.

- 존중받고 싶은 욕구(내 의견이 존중되었으면 좋겠어.)
- 수용에 대한 욕구(나도 충분히 가지고 놀 권리가 있어.)
- 자율성에 대한 욕구(내가 충분히 결정하고 싶어.)
- 소속감과 이해받고 싶은 욕구(엄마가 내 마음을 이해해줬으면 좋겠어.)

5) 욕구의 에너지와 깊이 연결해봅니다.

소피는 '나는 존중받고 싶고, 수용받고 싶고, 이해받고 싶어'라는 욕구를 충분히 느끼며, 자신이 정말 원하는 것이 무엇인지 차분히 받아들입니다.

6) 욕구의 에너지를 유지하면서 화가 났던 순간을 다시 떠올려봅니다.

소피의 입장이 되어 그때 충족되지 않았던 욕구를 생각하면, 어떤 감정(속상한, 화가 나는, 외로운, 억울한, 답답한, 허탈한, 혼란스러운, 실망스러운)이 올라오는지 살펴보고, 그 감정에 잠시 머물러봅니다.

))) 분노를 온전하게 표현하기 (((

소피가 욕구를 인식한 후, 분노를 폭발시키는 대신 비폭력대화 방식으로 표현할 수 있습니다.

관찰 → 느낌 → 욕구 → 부탁 순서로 표현하면 좋습니다.

"엄마, 나는 인형을 좀 더 가지고 놀고 싶었어. 그런데 갑자기 언니 차례라고 해서 속상하고 화가 났어. 내가 충분히 가지고 놀았다고 느낄 때 교대로 놀 수 있었으면 좋겠어."

이렇게 표현하면, 소피는 자신의 감정을 솔직하게 드러내면서도 상대를 비난하지 않는 균형 잡힌 방식으로 욕구를 전달할 수 있습니다.

))) 분노는 나쁜 것이 아니다 (((

소피가 처음에는 분노를 통제할 수 없을 만큼 강렬하게 느꼈지만, 그 감정을 내면에서 탐색하고, 욕구와 연결하면서 점차 차분해지고 자신의 감정을 균형 있게 표현하는 힘을 길렀습니다. 분노는 나쁜 감정이 아니라, 우리가 욕구를 가지고 있다는 신호입니다. 중요한 것은 분노를 어떻게 다루고 표현하는가입니다.

비폭력대화를 통해 우리는 자신의 감정을 솔직하게 인정하고, 상대를 비난하지 않으면서도 원하는 것을 분명하게 표현하는 방법을 배울 수 있습니다.

10

자기공감
나를 돌보는 연습

01

질투는 나의 힘

/ 기형도 /

아주 오랜 세월이 흐른 뒤에
힘없는 책갈피는 이 종이를 떨어뜨리리
그때 내 마음은 너무나 많은 공장을 세웠으니
어리석게도 그토록 기록할 것이 많았구나
구름 밑을 천천히 쏘다니는 개처럼
지칠 줄 모르고 공중에서 머뭇거렸구나
나 가진 것 탄식밖에 없어
저녁 거리마다 물끄러미 청춘을 세워두고
살아온 날들을 신기하게 세어보았으니

> 그 누구도 나를 두려워하지 않았으니
> 내 희망의 내용은 질투뿐이었구나
> 그리하여 나는 우선 여기에 짧은 글을 남겨둔다
> 나의 생은 미친 듯이 사랑을 찾아 헤매었으나
> 단 한번도 스스로를 사랑하지 않았노라

삶을 돌아보면 후회와 아쉬움이 곳곳에 스며 있음을 느낍니다. 시간이 흐를수록 기쁨의 순간보다 후회와 아쉬움이 더 선명하게 남습니다. 당시의 장면이 세세하게 떠오르지는 않지만 감정에 대한 기억은 깊이 각인되어 있다가 삶의 어느 순간 불현듯 나타납니다. 질투 또한 삶에서 빼놓을 수 없는 감정입니다. 기형도의 시에서 질투는 단순한 시기가 아니라, 시인이 지탱해온 감정의 핵심이라고 느껴집니다. 질투는 종종 삶의 원동력이 됩니다. 타인과의 관계 속에서 질투를 경험하며 자극받고, 이를 성장의 동력으로 삼기도 합니다.

 질투의 감정은 전혀 모르는 사람보다 가까운 이에게서 느낄 때가 많습니다. 나를 타인과 비교하며 자신의 부족함을 채우려 애씁니다. 그러나 질투의 기준은 언제나 '타인'이기 때문에 우리는 쉽게 스스로를 잃어버리게 됩니다. 자신의 거울에는 자기 모습이 아니라 타인의 모습만 비칠 뿐입니다. 그렇기에 질투는 끝이 없습니다. 질투는 강한 에너지를 자극하는 욕망의 신호입니다. 그 욕망을 따라갈수록 삶은 버거워지고, 공허함의 무게는 점점 더 커져 우리를 짓누릅니다. 질투는 자신을 분열시키고 정체성을 혼란스럽게 만들기도 합니다. 내가 원하는 삶을 살고 있는지, 아니면 타인의 삶을 좇고 있는지 혼란스러울 때가 많습니다. 내면에서 끊임없이 불평의 소리가 들리고, 타인의 삶과 비교하는 현실 앞에서 스스로를 잃어버리기 쉽습니다.

기형도의 시는 질투의 끝에 서서 마주하게 되는 탄식과 절망을 담고 있습니다. 시인은 생애 순간마다 미친 듯이 헤맸지만 정작 스스로를 사랑한 적은 없었다고 고백합니다. 구름 밑을 떠도는 개처럼, 시인은 끊임없이 무언가를 좇았지만 자신에게 남은 것은 '질투'뿐이었다는 사실을 깨닫고 탄식합니다. 그러나 이러한 깨달음이 단순한 절망으로 끝나지 않고 자기성찰의 계기가 됩니다. 자신의 존재가 무엇을 좇고, 무엇을 갈망하며 살아왔는지를 돌아보는 순간, 타인의 관심과 사랑에만 집착했던 자신을 마주합니다. 그리고 마침내, 자기 자신을 있는 그대로 사랑하지 못했던 사실을 인정합니다.

자기연결과 자기공감은 바로 이러한 깨달음에서 시작됩니다. 우리는 종종 외부 세계와 타인의 시선에 휩쓸려 내면을 소홀히 합니다. 그러나 자기 자신과 연결되지 않으면 진정한 만족과 평온을 얻기 어렵습니다. 자기공감이란 자신의 감정을 판단 없이 받아들이고, 내면의 욕구를 섬세하게 알아차리는 과정입니다. 시인은 질투와 후회의 감정 속에서 자신을 돌아봅니다. 이처럼 자기공감은 우리가 스스로를 사랑하고 이해하는 출발점이 됩니다. 이제 우리는 질투와 후회 속에서 자기 자신과 어떻게 연결될 수 있을지, 그리고 자기공감을 통해 어떤 변화를 만들어갈 수 있을지 함께 생각해보려 합니다.

나를 돌보는 대화
자기공감

우리는 살아가면서 타인의 이야기에 귀 기울이며 공감하려고 노력합니다. 하지만 정작 자기 내면의 목소리에는 얼마나 귀 기울이고 있을까요? 타인의 감정은 이해하려고 애쓰면서 자신의 감정과 욕구는 쉽게 외면하거나 무시하는 경향이 있습니다. 그러나 스스로의 마음을 돌보지 못한다면 타인을 연민의 시선으로 바라보기 어려워집니다.

비폭력대화는 단순히 상대방과의 관계를 원활하게 하는 방법에 그치는 것이 아니라 자기 자신과 깊은 연결을 돕는 도구이기도 합니다. 우리는 앞서 비폭력대화를 다양한 분야에서의 활용과 어떻게 삶을 풍요롭게 만들 수 있는지 살펴보았습니다. 하지만 비폭력대화가 더욱 소중한 이유는 단순하게 타인을 이해하는 것을 넘어, 자기 자신을 공감하고 돌보는 데도 적용할 수 있기 때문입니다. 내면이 정리되지 않은 채 복잡한 감정과 생각들로 가득 차 있다면 타인에게 마음을 내어줄 여백이 없습니다.

우리는 각자의 삶을 살아가며 혼자 생각하고 행동하는 시간이 많습니다. 그렇기에 누구보다도 스스로를 가장 아끼고 따뜻하게 보살펴야 합니다. 하지만 우리는 오히려 자기비판이나 강요에 익숙합니다. 실수하거나 잘못했을 때 스스로를 이해하고 위로하기보다는 비난과 자책을 퍼부으며 더 힘든 상황으로 몰아넣곤 합니다. 정작 자신에게 따뜻한 이해가 필요할 때도 자동으로 판단하며 수치심과 죄책감을 불러옵니다.

이러한 경향은 사람들이 같은 실수나 잘못을 반복하게 만듭니다. 그럴 때마다 스스로를 탓하며 자책만을 일삼는다면 자기부정에서 벗어나기 어려워집니다. 그렇다고 실수나 잘못이 없는 삶은 상상할 수 없습니다. 때로는 실수가 새로운 배움과 변화의 계기가 됩니다. '실수에서 배운다'는 말처럼 실수를 어떻게 받아들이느냐에 따라 삶이 달라질 수 있습니다. 단순히 자기비판에 머물지 않고, 그 경험을 통해 무엇을 배울 수 있는지 돌아보는 과정이 필요합니다.

수치심과 죄책감에서 벗어나고 싶다면, 자기 자신과 연결해보는 연습이 필요합니다. 다른 사람의 이야기를 공감하며 듣듯이, 자신의 내면에서 어떤 비판이나 평가가 일어나는지를 주의 깊게 바라보는 것입니다. 내면에서 올라오는 자책의 목소리에 귀를 기울이며, 그 행동을 했을 때 충족되지 않았던 욕구에 집중합니다. 욕구를 떠올리면 수치심이나 죄책감 대신 슬픔과 실망, 두려움과 같은 감정을 명확하게 인식할 수 있습니다. 스스로를 향한 비판적인 생각이 일어나는 이유가 자신의 욕구가 충족되지 못해서라는 사실을 깨닫게 됩니다. 느낌을 따라가면 욕구가 보이고, 욕구를 의식하면 마음이 한결 안정되고 편안해집니다. 충족되지 않은 욕구에서 오는 고통을 이해하고, 그 욕구를 긍정적인 방향으로 바라볼 때 몸과 마음의 에너지가 달라집니다.

우리가 하는 모든 행동은 어떤 욕구를 충족하려는 것임을 기억할 때, 자신의 행동을 조금 더 넓은 시선으로 바라볼 수 있습니다. 당시의 말과 행동이 어떤 욕구를 충족하지 못해서 안타까움이 남았을지라도, 그 선택조차 또 다른 욕구를 채우려는 노력의 일부였다는 점을 이해하게 됩니다. 자기공감이란 후회하는 과거의 행동뿐 아니라, 그 행동을 선택했던 당시의 자신까지도 모두 연민으로 받아들이는 것입니다. 이러한 과정을 통해 우리는 자기비판에서 벗어나 자기이해와 자기공감으로 나아갈 수 있습니다.

▌ 감정과 함께 흐르기
내 마음에 파도가 칠 때

《내 마음에 파도가 칠 때》_조시온 글, 이수연 그림(옐로스톤, 2025)

"내 마음은 바다, 파도를 품은 바다.
오늘도 새로운 춤으로 출렁이는 파도를 맞이해."

그림책 《내 마음에 파도가 칠 때》의 뒤표지에 적힌 문장입니다.

우리는 종종 어떤 사람을 보며 "마음이 바다처럼 넓다"라고 말하곤 합니다. 그 말에는 너그러움, 평화, 수용의 이미지가 담겨 있습니다. 마치 끝없이 펼쳐진 푸른 바다처럼, 그 사람의 마음은 어떤 말도, 어떤 감정도 품어줄 것만 같습니다.

그런 사람을 마주하면, 내 마음도 어느새 편안해지고 잔잔해집니다. 마치 한낮의 뜨거운 태양을 지나, 분홍빛이 감도는 보랏빛 저녁노을이 천천히 하늘에 내려앉을 때처럼, 무엇이든 다 받아줄 것 같은 다정함과, 주위까지 고요하게 만드는 시선. 그와 함께 있으면 소란했던 마음도 어느새 저녁 공기처럼 부드럽게 가라앉습니다.

하지만 바다를 가만히 들여다보면, 그 속은 늘 잔잔하기만 한 것이 아닙니다. 밀려오고 밀려가는 파도, 때로는 거센 물결, 하루에도 수없이 다른 빛깔과 표정을 보여줍니다.

책 속 주인공인 바다 또한 처음부터 '파도를 품은 채' 살아오지는 않았습니다. 철썩대는 파도에 놀라고, 꾹꾹 참아도 불쑥 터져 나오는 감정, 밀어내도 밀어내도 다시 밀려오는 파도가 무섭고 싫었습니다. 파도가 없는 곳이라면 어디라도 좋았습니다. 바다가 도착한 곳은 얼음의 나라였습니다. 물방울마저도 얼어버릴, 한 줌의 생명도 살아 숨 쉴 수 없을 것 같은. 그러나 곧 바다는 환희의 순간을 기억해냅니다.

햇살에 물결이 반짝이던 설렘, 미역이 살랑이며 간질이던 기쁨, 돌고래가 하늘로 솟구치던 찰나의 감탄…… 잊고 있던 기억의 조각들이 다시금 마음에 떠오릅니다. 그제야 알아차립니다. 파도는 아픔만이 아니라 기쁨도 함께 실어왔다는 것을. 하지만 그 기억을 붙잡아두려 해도 파도의 흐름을 막을 수는 없었습니다. 억지로 막을 수도, 거스를 수도 없는 흐름. 바다는 결국 제자리로 돌아옵니다.

외면하고 도망치려 할 때, 오히려 바다는 또 다른 진실을 마주합니다. 바다가 파도를 밀어내고 싶어 하던 그 순간, 한 소년의 움직임이 눈에 들어옵니다. 소년은 파도의 에너지에 몸을 맡기고, 서프보드를 타듯 춤을 춥니다. 고꾸라져도 다시 일어나고, 밀어내기보다 흐름에 올라타 함께 움직입니다.

비폭력대화 모델을 만든 마셜 로젠버그는 '공감'을 서핑에 비유했습니다. 보드를 들고 바다에 나가 파도가 오기를 기다렸다가, 그 에너지에 몸을 싣고 함께 흐르는 것, 그것이 바로 공감이라고 했습니다. 내면의 물결을 억누르지 않고 함께 흐르며 생동하는 것. 그대로 느끼는 것. 그 감정과 한 몸이 되어 춤추는 것, 그것이 공감입니다. 타인의 감정을 공감하듯 자신의 감정과도 함께 춤추는 것, 그것이 자기공감입니다.

마음이 넓다는 건 어쩌면, 수많은 감정의 파도를 끊임없이 마주하며 억누르거나 밀어내지 않고 품어온 사람이라는 뜻일지도 모릅니다. 감정에 휩쓸리기보다 그 감정이 나에게 오는 이유를 알아차리고, 받아들이고, 스스로를 다독이며 살아온 사람. 그런 사람일수록 마음은 더 깊어지고, 더 넓어지는 것 같습니다.

바다처럼 마음이 넓은 사람이란, 고요함을 타고난 사람이 아니라 매 순간 출렁이는 감정의 파도를 마주하며 살아온 사람입니다. 그 파도를 품고, 매일 새로운 춤을 추어온 사람. 바로, 소년 같은 사람 아닐까요.

이제 그림책 《괜찮아, 나의 두꺼비야》를 통해 자기공감 연습을 해보겠습니다. 이 과정에 참여해보면 자신이 후회했던 행동에 대해 직접 자기공감 연습을 할 수 있습니다. 눈으로만 읽는 것과 직접 참여하는 것은 큰 차이가 있습니다. 직접 연습할 때 욕구와 느낌을 더욱 선명하게 인식할 수 있을 것입니다.

후회, 죄책감과 마주하기
괜찮아, 나의 두꺼비야

《괜찮아, 나의 두꺼비야》_이소영 글그림(글로연, 2022)

우리는 관계 속에서 살아갑니다. 누군가와 함께하는 순간은 기쁨과 위로가 되기도 하지만, 때로는 상처와 오해를 남깁니다. 가까운 사이일수록 감정의 진폭은 더욱 커지고, 예상하지 못한 갈등 앞에서 우리는 당황하거나 실망합니다. 이런 갈등을 겪으면서 관계가 더 악화할 수도 있으나, 그 과정은 서로의 마음을 더 깊이 이해하는 계기가 되기도 합니다. 이 그림책은 이러한 관계의 복잡함과 감정을 섬세하게 담아냅니다.

그림책의 표지를 보면 알록달록한 색채로 채색된 숲의 풍경이 마음을 밝게 해줍니다. 연못에 몸을 담그고 있는 빨간색의 두꺼비가 보입니다. 그러나 그의 표정은 언짢아 보이고 팔과 다리도 자유롭지 못한 듯합니다. 무언가에 놀란 듯한 두 눈은 저 앞을 바라보고 있는데 뒤표지의 한 장면이 눈에 들어옵니다. 그곳에는 함박웃음을 짓는 흰색 두꺼비가 앉아 있습니다. 그 주변에는 다람쥐, 사슴벌레, 물고기 등이 신나게 어울리고 있습니다. 두 모습이 선명한 대조를 이룹니다. 이야기를 따라가 볼까요?

빨간 두꺼비 빨강과 흰 두꺼비 하양은 겉모습만 다른 게 아니라 성향도 많이 다릅니다. 둘은 오랜 친구였고 언제부턴가 깊은 숲속 연못에서 함께 지내고 있습니다. 하양은 친구들과 어울리며 다양한 활동을 즐기는 반면, 빨강은 떠들썩한 분위기보다는 조용히 혼자만의 시간을 보내는 것을 선호합니다. 빨강은 돌아다니며 활동하기 귀찮아하지만, 하양이 원한다면 존중하려 노력합니다. 그러나 시간이 지날수록 친구들에게 하양을 빼앗긴 것 같아 빨강은 속상합니다. 그 마음 깊은 곳에는 질투심도 서서히 자리 잡았습니다. 자신이 먼저 하양을 알았고 더 오랜 친구인데, 다른 친구들과 더 친하게 지내는 것처럼 보였기 때문입니다. 빨강은 하양이 오로지 자신만의 친구이기를 바라는 걸까요. 사실, 누구에게나 사랑하는 사람을 독차지하고 싶은 마음이 있지 않을까요? 그 감정을 혹독하게 경험하고 지나온 사람도 있을 것입니다. 관계의 균형을 유지하는 것이 어려운 이유도 여기에 있을지 모릅니다.

하양은 빨강의 마음을 아는지 모르는지, 의논도 없이 친구를 초대합니다. 소중한 사람이 나보다 다른 사람에게 더 관심을 두는 것처럼 느껴질 때 감정은 흔들리고 심지어 충동적인 행동을 하기도 합니다. 빨강도 마찬가지였습니다. 혼자 남겨지는 게 두려운 빨강은 떠나가려는 하양에게 돌을 집어 던지고 말았습니다. 자신의 속상함과 분노를 한 번도 솔직히 표현하지 못했던 빨강은 뜻하지 않은 방식으로 감정을 폭발시킵니다. 친구를 잃는다는 것이 극도로 무서웠던 나머지, 감정을 조절하지 못했습니다.

이제 빨강은 자신의 행동을 후회하며 깊은 죄책감에 시달립니다. 관계 속에서 우리는 종종 불편한 감정을 마주합니다. 그 감정을 어떻게 마주하고 반응하느냐에 따라, 관계의 흐름은 달라질 수 있습니다. 불편한 감정은 무작정 억누르거나 외면하기보다, 어디에서 비롯되었는지 세밀하게 들여다보는 것이 중요합니다. 내 감정이 어디에서 비롯되었는지, 어떤 감정이 얽혀 있는지를 하나하나 살펴보며 차분히 마주하다 보면, 보다 솔직하게 자기를 표현할 힘이 생깁니다. 그리고 상대방의 입장을 이해하려는 여유도 자연스럽게 생겨납니다. 이렇듯 갈등은 종종 관계가 깊어지는 기회가 됩니다. 서로의 차이를 인정하고 존중할 때, 비로소 더 깊은 유대가 형성될 수 있습니다.

또한 후회와 죄책감 속에 머무르지 말고 그 감정을 통해 배움을 얻는 것이 중요합니다. 자기 잘못을 인정하고 진심 어린 사과를 전하며, 같은 실수를 반복하지 않도록 노력하는 태도가 관계를 회복하는 데 도움이 됩니다. 관계란 완벽함을 추구하는 것이 아니라, 서로의 불완전함을 인정하고 함께 나아가는 과정인지도 모릅니다.

빨강에게는 자신의 감정을 소중히 받아들이고, 충분히 들여다보는 과정이 필요했을 것입니다. 그리고 자신에게 중요한 것이 무엇인지 깊이 들여다본 뒤 하양에게 솔직하게 표현했다면 어땠을까요? 마찬가지로, 하양 또한 빨강의 성향을 이해하고 조금 더 세심하게 배려해주었더라면 관계는 더욱 단단해졌을 것입니다. 서로의 차이를 존중하며 배려했다면, 두 친구는 더욱 끈끈한 유대를 형성할 수 있었을 것입니다.

))) 빨강의 자기공감 프로세스 (((

빨강의 말과 행동을 자기공감 프로세스를 통해 들여다보겠습니다.

상황

서로 성향이 다른 하양과 빨강은 오랜 친구입니다. 하양은 여러 친구들과 어울리는 것을 좋아하고, 빨강은 조용한 시간을 선호합니다. 빨강은 하양에게 서운한 감정을 느끼기 시작합니다. 하지만 하양은 그것을 깊이 인식하지 못합니다. 그러던 어느 날 하양은 빨강과 의논도 하지 않은 채, 둘이 함께 지내는 공간에 친구를 초대합니다. 그 일로 빨강은 감정을 조절하지 못하고 돌을 던지고 맙니다. 하양은 너무 당황스럽고 속상합니다.

1) 빨강의 입장이 되어 지금 후회하고 있는 지난날의 나의 어떤 말이나 행동을 구체적으로 써봅니다.

"그래! 가버려!"라고 말하며 하양에게 돌을 던졌다.

2) 위의 말이나 행동에 대해 나 자신을 비판하는 말이나 생각을 써봅니다. 머릿속에 떠오르는 판단이나 반응을 그대로 받아 적습니다.

"내가 왜 그랬을까?"

- 나는 감정을 조절하지 못하는 존재야.
- 나는 폭력적인 행동을 했어.
- 나는 형편없는 친구야.

자기비판적 생각이 올라오는 것을 그대로 인정하고 바라보는 것이 자기공감의 시작입니다.

3) 자신을 비판하는 말이나 생각 뒤에 충족되지 않은 욕구를 찾아봅니다.

자기비판 속에는 소중하지만 충족되지 않은 욕구가 숨어 있습니다. 이 욕구를 발견하고 돌보는 것이 자기공감의 핵심입니다.

자기비판(자칼 메시지)	충족되지 않은 욕구
나는 감정을 조절 못 하는 존재야.	서로의 차이를 받아들이고 감정을 부드럽고 안전하게 표현하고 싶다. (자기표현, 정서적 안전, 존중)
나는 폭력적인 행동을 했어.	솔직하게 대화하며 친구의 마음을 이해하고 싶다. (정직, 소통, 이해)
나는 형편없는 친구야.	관계를 소중하게 여기고, 하양과의 우정을 오래도록 유지하고 싶다. (신뢰, 우정)

3-1) 충족되지 않은 욕구를 의식할 때의 느낌

내 행동으로 중요했던 욕구들이 충족되지 않았다는 것을 의식할 때의 느낌(억울한, 외로운, 속상한, 답답한, 무기력한, 당황스러운, 후회되는, 혼란스러운, 부끄러운)에 머물러봅니다.

4) 욕구의 에너지에 충분히 머물러봅니다.

이제 눈을 감고, 3번에서 찾은 욕구의 에너지를 충분히 느끼며 머물러봅니다.

- 서로의 차이를 받아들이고 감정을 부드럽고 안전하게 표현하고 싶다.(자기표현, 정서적 안전, 존중)
- 솔직하게 대화하며 친구의 마음을 이해하고 싶다.(정직, 소통, 이해)
- 관계를 소중하게 여기고, 하양과의 우정을 오래도록 유지하고 싶다.(신뢰, 우정)

이 욕구들은 빨강이 삶에서 정말 중요하게 여기는 가치임을 깨닫습니다.

5) 그 당시 후회하는 행동을 했을 때 충족시키려 했던 욕구를 찾아봅니다.

빨강은 돌을 던진 자신의 행동을 후회하지만, 그 순간에도 나름의 간절한 욕구가 있었습니다.

- "나는 하양과 가까운 친구로 남고 싶었어."(친밀한 관계, 유대)
- "나는 내 서운한 마음을 알아주길 바랐어."(배려, 이해, 존중)
- "나는 하양이 무엇이든 나와 의논해주기를 바랐어."(소통, 연결)
- "나는 하양에게 소중한 존재라는 걸 확인받고 싶었어."(존재감, 관심, 수용)

6) 새로운 선택을 위한 부탁하기

이제 3번(충족되지 않은 욕구)과 5번(당시 선택한 행동을 통해 충족하려던 욕구)을 함께 만족시킬 수 있는 더 나은 방법을 찾아봅니다. 만약 시간을 되돌린다면, 빨강은 어떻게 행동할 수 있을까요?

그리고 앞으로 비슷한 상황이 온다면, 어떤 방식으로 자신의 욕구를 돌보며 소통할 수 있을까요?

- 경계 존중 요청

"나는 너랑 있는 시간이 참 소중해. 하양아, 앞으로는 우리 둘이 함께 사용하는 공간에 누군가를 초대할 때, 미리 말해줄 수 있을까? 난 준비가 필요해."

3번과 5번을 효과적으로 만족시킬 수 있는 욕구는 소통, 존중, 연결, 우정 등입니다.

- 솔직한 감정과 욕구 표현

"하양아, 나는 네가 다른 친구들과 어울리는 게 좋아. 하지만 가끔은 네가 나와 더 많은 시간을 보내줬으면 좋겠어."

3번과 5번을 효과적으로 만족시킬 수 있는 욕구는 유대, 자기표현, 존중, 친밀한 관계 등입니다.

- **감정 조절 연습**

"다음번에는 화가 날 때 돌을 던지기 전에 먼저 내 감정을 적어보거나 깊이 숨을 쉬며 스스로를 진정시켜야겠어."

3번과 5번을 효과적으로 만족시킬 수 있는 욕구는 정서적 안정, 명료함, 정직 등입니다.

- **관계의 균형 찾기**

"사실 나도 어떻게 행동해야 할지 헷갈릴 때가 있어. 네가 함께 생각을 나눠줄 수 있으면 고맙겠어. 우리 둘의 방식으로 더 좋은 방법을 찾아가면 좋겠어."

3번과 5번을 효과적으로 만족시킬 수 있는 욕구는 협력, 자기보호, 명료함, 편안함 등입니다.

자기공감 프로세스

1) 관찰 : 빨강이 하양에게 돌을 던짐.

2) 자기비판 : "나는 이기적이야. 나는 감정을 조절하지 못해. 나는 형편없는 친구야."

3) 충족되지 않은 욕구 : 정서적 안전, 소통, 관계 유지, 유대

4) 욕구의 에너지와 연결하기 : 하양과의 우정을 오래도록 유지하고 싶음.

5) 당시 행동을 선택한 이유 : 하양에게 소중한 존재라는 걸 확인받고 싶었음.

6) 부탁하기 : 경계 존중 요청, 관계의 균형 찾기, 감정 조절 연습, 솔직한 감정과 욕구 표현 연습

　빨강의 행동을 통해 자기공감 연습을 해봤습니다. 연습 과정에서 참여자마다 이 프로세스를 다르게 해석할 수 있으며, 자기공감을 통해 각자의 내면을 더 깊이 이해할 수 있을 것입니다.

11

감사하기
연결을 만드는 언어

아침 산책

/ 메리 올리버 /

감사를 뜻하는 말들은 많다.
그저 속삭일 수밖에 없는 말들.
아니면 노래할 수밖에 없는 말들.
딱새는 울음으로 감사를 전한다.
뱀은 뱅글뱅글 돌고
비버는 연못 위에서
꼬리를 친다.
솔숲의 사슴은 발을 구른다.
황금방울새는 눈부시게 빛나며 날아오른다.

사람은, 가끔, 말러의 곡을 흥얼거린다.
아니면 떡갈나무 고목을 끌어안는다.
감동의 말들, 키스의 말들을 적는다.

《완벽한 날들》_메리 올리버, 민승남 옮김(마음산책, 2013)

    각자 자신만의 방식으로, 자신의 자리에서 순간순간의 삶을 완성하며 살아갑니다. 한겨울 지붕에 쌓인 눈이 바람에 쓸려 날아가는 모습조차 눈이 살아 움직이는 듯한 생동감을 줍니다. 세밀하게 들여다볼수록 자연은 더 깊은 감동을 줍니다. 그러나 바쁘다는 핑계로 감사할 만한 순간들을 그냥 흘려보내며 살아가곤 합니다. 그렇기에 아침이 오면, 새로운 하루가 시작된다는 사실만으로도 감사함을 느낄 때가 있습니다.

    시인의 말처럼 감사를 뜻하는 말들은 셀 수 없이 많습니다. '감사'라는 단어가 직접 들어가지 않더라도 우리는 마음으로 느끼고, 눈으로 바라보고, 몸으로 경험합니다. 감사를 받을 때의 기쁨도 크지만, 감사를 전할 때의 마음도 깊고 따뜻합니다. 요즘 감사 일기 쓰기 등 '감사'라는 키워드를 중심으로 하는 활동이 다양해졌습니다. 무심코 흘려보내는 일상에서 잠시 멈추어, 소소한 순간들에 감사를 표현하는 습관을 들여다보면 미처 발견하지 못했던 삶의 아름다움을 새롭게 느끼기도 합니다. 짧게나마 자신에게 감사할 일을 찾아보는 순간, 그 경험 자체가 우리를 성숙하게 만듭니다. 지금 자신에게 충분한 것들을 떠올리며 감사하는 마음이 생길 때, 타인을 바라보는 시선도 한층 너그러워질 것입니다.

그러나 '감사'라는 말이 불편하게 들릴 때도 있습니다. 타인의 불행 앞에서 "내가 아니라서 감사하다", "우리 가족이 아니라서 다행이다"라는 말을 들으면 마음이 편치 않습니다. 누군가는 낯선 타인의 아픔에 깊이 공감하지만, 또 다른 누군가는 자신의 삶이 무탈한 것에 안도하며 감사함을 느낍니다. 하지만 감사는 비교에서 오는 것이 아니며, 그 자체로 존재할 때 더 깊은 의미가 있습니다. 감사는 타인의 아픔을 외면하지 않고 함께 느끼고 이해하며 보듬는 데서 깊어집니다. 그렇게 우리는 서로의 삶이 연결되어 있음을 깨닫고, 더욱 진심 어린 마음으로 감사할 수 있을 것입니다.

진심을 전하는 마음
감사하기

))) 감사, 가장 아름다운 실천 (((

비폭력대화에서 감사는 가장 아름다운 실천입니다. 작은 일에도 감사하는 마음을 표현하는 순간, 우리는 서로의 존재를 더 깊이 느끼고 삶이 한층 따뜻해지는 경험을 합니다. 감사는 단순한 예의가 아니라, 서로의 관계를 더욱 깊고 풍요롭게 이어주는 다리와 같습니다. 감사의 의미를 기억하며 하루를 살아간다면, 그 하루는 더욱 충만해질 것입니다.

진심이 담긴 감사는 더욱 빛납니다. 스스로도 만족할 만큼 최선을 다한 일이 누군가의 인정으로 돌아올 때 우리는 깊은 기쁨과 따뜻한 연결을 경험합니다. 특히 구체적인 말로 감사를 표현할 때, 그 진심이 오롯이 전달됩니다. 하지만 감사를 당연하게 여기거나, 표현하는 것이 어색하고 쑥스러워 말로 전하지 못하기도 합니다. 가족에게는 더욱 그렇습니다. 가장 가까운 존재이기에 굳이 말하지 않아도 알 거라고 생각하며 지나치기도 하고, 마음 깊은 곳의 감정을 길어 올려 입 밖으로 꺼내는 것이 어쩐지 쑥스럽기도 합니다. 하지만 시간이 흘러 이미 기회를 놓친 후에야 미처 말하지 못한 순간들을 떠올리며 마음을 적시는 일이 생기기도 합니다.

다른 이들의 선한 행동을 바라보는 것만으로도 내면에 잔잔한 감사가 스며드는 순간이 있습니다. 내가 쉽게 용기 내지 못했던 일들을 사회 곳곳에서 묵묵히 실천하는 사람들을 볼 때, 그들의 진심 어린 노력과 따뜻한 마음이 깊은 울림으로 다가옵니다. 마치 겨울 끝자락, 차가운 바람 속에서 피어난 수선화를 발견한 듯, 삶의 온기를 느끼고 세상을 바라보는 시선이 한층 더 깊어집니다. 이러한 감사는 단순히 지나가는 감정이 아니라, 마음을 움직이는 조용한 힘이 되어 따뜻한 사람이 되고 싶게 합니다.

))) 감사와 칭찬의 차이 (((

감사의 가치는 순수한 기쁨과 고마움에서 비롯됩니다. 그러나 감사와 칭찬이 혼동될 때가 있습니다. 예를 들어 "정말 배려심이 많으세요"라는 말이 긍정적으로 들릴 수 있지만, 상대에게 기대감을 심어주거나 부담을 줄 수도 있습니다. 칭찬은 종종 상대방이 더 나은 행동을 하도록 유도하려는 의도가 담길 수 있고, 상대방에게 평가를 받는 느낌을 줄 수도 있습니다. 반면, "당신이 배려하고 기다려준 덕분에 차분하게 일을 마칠 수 있었어요. 덕분에 마음이 편안해졌어요"라고 표현하면, 상대가 내게 준 선물을 있는 그대로 자연스럽게 인정하며, 그것이 내 삶에 미친 긍정적인 변화를 더욱 진솔하게 전달하는 방법이 되기도 합니다.

))) 감사를 전할 때 중요한 것 (((

감사의 핵심은 자신의 욕구가 충족되었음을 느끼고, 그 기쁨을 함께 나누는 데 있습니다. 상대방의 말이나 행동 덕분에 나의 어떤 욕구가 채워졌는지 구체적으로 전달하는 것이 중요합니다. 단순히 "고마워"라고 말하기보다는 "너의 말 덕분에 내가 소중하다고 느꼈어. 정말 기뻤어"라고 표현한다면 그 마음이 온전히 전해질 것입니다. 이렇게 감사를 표현할 때, 상대방이 내 삶에 어떤 긍정적인 변화를 불러왔는지 명확히 알려줄 수 있습니다.

감사는 서로의 마음을 이어주는 따뜻한 연결고리입니다. 상대방의 존재와 행동이 나의 삶을 어떻게 더 풍요롭게 만들었는지를 진솔하게 나눌 때, 그 감사는 더 큰 울림을 주며 관계를 더 깊고 아름답게 만듭니다.

감사의 의미와 힘
나는 강물처럼 말해요

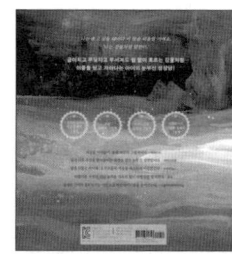

《나는 강물처럼 말해요》_조던 스콧 글, 시드니 스미스 그림, 김지은 옮김 (책읽는곰, 2021)

))) 강물처럼 흐르는 말 (((

강물처럼 말한다는 것은 어떤 의미일까요? 제목을 보며 유유히 흐르는 강물을 떠올려봅니다. 잔잔하고 고요하게 흐르다가도 소용돌이치고 거세게 휘몰아치지만, 자신의 길을 찾아 흘러가는 강물. 그 자유롭고 끊임없는 흐름 속에는 변화와 일관성이 공존합니다. 우리가 주고받는 대화 역시 마찬가지입니다. 단순한 사실의 나열이 아닌, 감정의 물결이 서로의 기슭을 적시며 공감의 강을 이루어갑니다. 그런 마음이 강물처럼 부드럽게 스며들기도 하고, 깊은 울림을 주기도 하며, 때로는 격정적으로 요동치면서도 결국 상대에게 가닿아 진정한 소통이 이루어집니다.

한 아이가 강물 속으로 천천히 걸어 들어갑니다. 등을 살짝 구부린 채, 두 팔을 강물에 담그고 물의 흐름을 가만히 내려다봅니다. 강렬한 햇살이 아이 머리 위로 내려앉아 하얗게 부서집니다. 아이는 입을 다물고 거센 물살이 온몸을 감싸는 느낌을 고요히 받아들입니다. 강물은 하얀 포말을 일으키며 소용돌이치고, 물방울들이 튀어 올라 햇빛 속에서 반짝입니다.

))) 말로 전할 수 없는 것들 (((

창밖을 향해 있는 아이의 뒷모습이 보입니다. 한쪽이 커튼에 가려진 창 너머로 소나무가 서 있습니다. 나뭇가지에 달린 잎들이 연둣빛으로 번져 있고, 태양이 떠오르기 시작하는지 희붐한 하늘에는 엷은 분홍빛이 스며 있습니다. 소나무 가지 위에 앉은 까마귀가 입을 살짝 벌린 채 무언가를 말하려는 듯합니다. 그 위로는 희미하게 스러져가는 상현달이 하늘에 걸려 있습니다.

아이는 소나무, 까마귀, 달빛이 들려주는 자연의 소리를 들으며 깨어납니다. 하지만 정작 그 아름다운 순간을 말로 표현할 수 없어 괴롭습니다. 눈으로 보고, 온몸으로 느끼고, 머릿속에서 다양한 생각들이 오가지만, 그것을 입 밖으로 표현하는 건 쉽지 않습니다. 혀와 목구멍, 입술이 뜻대로 움직여주지 않아서, 원하는 단어를 제대로 말할 수 없기 때문입니다. 목구멍에서 낱말들이 맴돌지만, 소리로 나오면 알아들을 수 없는 말이 되어버립니다.

이른 아침 소나무의 흔들림과 까마귀의 울음소리, 달빛의 느낌을 깊은 숨결로 한껏 들이쉬면서 말을 하고 있지만 반 친구들은 이해하지 못합니다. 아이가 무엇을 이야기하는지 알려고 하지 않은 채, 그저 자신들과 다르게 말한다는 사실에만 집중합니다. 아이의 얼굴이 이상하게 움직이는 것에만 관심을 둡니다.

))) 나의 흐름을 믿기로 하다 (((

"강물이 어떻게 흘러가는지 보이지?
너도 저 강물처럼 말한단다."

아이에게는 자신을 온전히 이해하고 존중해주는 아빠가 있습니다. 아빠와 함께 강을 따라 걸어갑니다. 아이는 햇빛과 나무 그림자가 일렁이고 강한 생명력으로 물결치며 흐르는 강물을 한동안 바라봅니다. "물거품이 일고, 굽이치다가, 소용돌이치고, 부딪치"는 강물 속에서 자신의 언어가 숨 쉬고 있음을 느낍니다. 그리고 그 흐름을 따라 자신의 내면 깊숙이 숨겨진 섬과 골짜기를 발견합니다.

아이는 거친 강물을 마주하며 자신의 아픔을 조용히 어루만집니다. 발표하는 날이면 불안과 혼란 속에서 위축되곤 했을 아이의 마음을 먼저 헤아리고 강가로 데려온 아버지. 그저 곁에서 지켜봐주는 것만으로도 아버지라는 존재는 아이에게 힘이 됩니다. 그런 아버지가 있었기에 아이는 자신의 언어를 찾아 흘려보낼 수 있었습니다. 아이는 자라서 캐나다를 대표하는 시인이 되었습니다.

마치 하얀 점들이 반란을 일으킨 듯 햇빛에 반사된 강물이 눈부시게 반짝입니다. 하얀 눈송이들이 강물에 내려앉아 있는 것처럼 찬란하게 빛납니다. 아이는 강물 속에 서 있습니다. 허리까지 차오른 물결 속에서 어깨를 살짝 움츠린 채, 끊임없이 빛났다가 사라지는 강물을 바라봅니다. 강물의 유장함과 번뜩이는 물빛이 황홀합니다. 그 모습은 마치 아이의 내면 풍경과도 같습니다. 비록 입 밖으로 표현되지 않더라도, 아이의 마음속에는 무수한 아름다운 언어들이 존재할 것입니다. 다채로운 감각과 소리, 그리고 깊은 생각들이 강물처럼 흐르고 있을 것입니다.

"강물도 더듬거릴 때가 있어요.
내가 그런 것처럼요."

아이는 강물의 흐름을 바라봅니다. 거센 물살 속에서도 멈추지 않고 흘러가는 강물처럼, 자신도 그렇게 나아갈 수 있음을 느낍니다. 완벽하지 않아도, 흔들리고 더듬거려도 괜찮다는 걸 배웁니다. 자신을 있는 그대로 받아들이는 일. 그것이야말로 가장 큰 용기일지 모릅니다. 강물처럼, 아이는 자신의 흐름을 믿기로 합니다.

이제 감사하는 마음을 더욱 깊이 들여다볼 시간입니다.
비폭력대화에서는 감사를 효과적으로 표현하는 세 가지 요소를 제시합니다.

1. 내 행복에 기여한 그 사람의 말과 행동 (관찰)
2. 그 행동으로 충족된 나의 욕구 (욕구)
3. 그 욕구가 충족되었을 때 느끼는 기쁨과 감정 (느낌)

강물처럼 흐르는 감정을 따라, 감사를 보다 구체적이고 진정성 있게 표현해봅니다.

그림책 《나는 강물처럼 말해요》 속 아이가 아버지에게 느낀 감사를 비폭력대화의 세 가지 요소를 활용하여 표현해보겠습니다.

))) 감사 표현하기 (((

상황

아이는 아침마다 자신을 둘러싼 낱말들의 소리를 들으며 깨어납니다. 그러나 아이는 보고 들은 것, 감각으로 느낀 것을 그대로 말로 표현하기가 매우 어렵습니다. 학교에서 발표할 때는 입이 꼼짝도 하지 않아 힘들어합니다. 아이는 집에 가고만 싶습니다. 그때 아빠가 아이를 데리러 학교에 옵니다. 함께 강가에서 강물을 바라봅니다.

1. 내 삶에서 오래도록 감사하게 생각하는 사람을 떠올리면, 아버지가 가장 먼저 생각납니다.

아침마다 낱말들의 소리를 들으며 하루를 시작하던 나는, 학교에서 발표할 때면 입이 꼼짝도 하지 않아 마음이 답답했습니다. 그날도 집에 가고 싶은 마음이 간절했을 때, 아버지가 학교에 와 주셨습니다.

2. 제가 슬퍼하는 모습을 보시고 아버지는 저를 가까이 끌어당겨 안아주셨죠. 그리고 강물을 가리키며 "강물이 어떻게 흘러가는지 보이지? 너도 저 강물처럼 말한단다"라고 말씀해주셨습니다. 그 말을 듣고 저는 안도, 위로, 이해, 인정, 존중, 정서적 안전을 느꼈습니다.

3. 그때 아버지로부터 받은 사랑은 제게 기쁨과 용기를 주었습니다. 그 순간의 연결된 마음과 따뜻하고 뭉클했던 기억을 떠올릴 때마다 감사와 충만함을 느낍니다.

이 과정을 따라 직접 감사의 표현을 만들어보세요. 감사는 형식적으로 하는 말이 아니라, 우리의 내면을 들여다보고 그 감정을 온전히 느끼는 과정입니다. 이 연습을 통해 감사의 힘이 어떻게 우리를 더 깊이 연결하는지 경험해보길 바랍니다.

))) 마음을 잇는 말의 여정 (((

그림책 한 권, 한 줄의 시, 그리고 한마디의 말에는 우리가 미처 놓치고 지나간 마음들이 숨어 있습니다. 이 책은 그런 말들과 마음들을 천천히 들여다보는 여정이었습니다. 말의 형태를 살피고, 감정을 알아차리며, 욕구를 이해하고, 부탁을 건네는 그 모든 순간은 결국 서로를 향해 나아가는 길이었습니다.

관찰, 느낌, 욕구, 부탁으로 이어지는 4단계는 어쩌면 아주 단순해 보일지도 모릅니다. 하지만 그 안에는 인간관계의 본질이 담겨 있습니다. 말보다 먼저 마음을 바라보는 일, 감정 너머의 욕구를 이해하는 일, 그리고 서로에게 진심을 건네는 일이 결코 쉽지 않다는 것을 우리는 모두 알고 있습니다. 비폭력대화는 그렇게 어렵고도 아름다운 길을, 조금 더 부드럽고 따뜻하게 걸어가게 해줍니다. 이 책이 그 여정을 함께 걷는 작은 나침반이 되어주기를 바랍니다.

에필로그

책을 쓰며 발견한 것들

))) 관찰 : 글을 쓰며 떠올린 물음들 (((

비폭력대화를 주제로 글을 쓴다는 것은 조심스러운 일이었습니다. 이미 좋은 책들이 많이 나와 있으니까요. 그러나 내가 새롭게 찾아낸 것들을 여러분에게 전하고 싶었습니다. 이를 어떻게 하면 전할 수 있을지 많이 고민했습니다. 쉽고 명료하게, 그러나 깊이 있게 다가가고 싶었습니다. 그리고 이 글이 단순한 설명이 아니라 누군가의 마음에 작은 울림이 되길 바랐습니다. 우리는 늘 관계 속에서 살아가지만, 소통은 생각보다 어렵습니다. 특히 가족 간의 대화는 마음과 다르게 흘러갈 때가 많습니다. 서로를 위한다는 말이 때로는 상처가 되고, 다정한 마음을 있는 그대로 표현하지 못해 오해가 생기기도 합니다.

  책을 쓰며 비폭력대화의 네 가지 요소—관찰, 느낌, 욕구, 부탁—를 하나하나 정리하고 되새기는 과정에서 언어가 단지 전달의 도구가 아니라, 마음을 잇고 관계를 바꾸는 힘이라는 사실을 다시 깨달았습니다. 같은 상황이라도 '평가'로 말할 때와, '느낌'으로 말할 때는 전혀 다른 분위기와 결과를 만들어냅니다. 한 문장이 누군가를 위축시키기도 하고, 또 어떤 말은 조용히 마음을 열게도 하니까요. 그리고 진정한 소통은 말하기보다 '들어주는 것'에서 시작된다는 것을 깊이 깨달았습니다. 말로 나를 표현하는 것도 중요하지만, 먼저 마음을 열고 상대의 이야기를 그저 온전히 들어주는 일, 그것이 비폭력대화의 첫걸음임을 이 글을 쓰면서 다시 배웠습니다.

))) 느낌 : 글을 쓰며 마주한 감정들 (((

  글을 시작할 때는 무언가를 새롭게 만들어간다는 설렘이 있었습니다. 비폭력대화라는 귀한 주제를 나만의 언어로 풀어낼 수 있다는 것에 감사했고, 이 책이 누군가의 삶에 작은 변화를 가져다줄 수 있기를 바라며 첫 문장부터 써 내려갔습니다. 그 과정은 저에게 기대에 부풀게 하고, 살아 있는 느낌을 주었습니다. 저는 이 책이 단순한 설명에 그치지 않고 독자와 나누는 조용한 공감의 대화로 이어지기를 바랐습니다.

  하지만 곧 여러 감정들이 줄다리기하듯 제 안에서 서로를 밀고 당겼습니다. 한 장을 마무리할 때마다 다음을 시작해야 하는 막막함이 눈앞에 바다처럼 펼쳐졌고, '과연 내가 이 깊은 이야기를 편안하고 명료하고 전달할 수 있을까?'라는 불안하고 조급한 마음이 자주 고개를 들었습니다. 혹시 내 말이 누군가에게 부담스럽게 느껴지거나, 오히려 누군가를 멀어지게 하지는 않을까 하는 걱정과 염려도 따라왔습니다. 익숙한 개념을 새롭게 표현하는 일, 그리고 그 말들이 독자의 마음에 제대로 닿기를 바라는 간절함은 문장 하나하나를 더 천천히, 더 깊이 들여다보게 했습니다.

혼란스럽고 막막한, 때로는 희미한 두근거림과 희망이 교차하는 사이사이 이 글쓰기가 단지 독자만을 위한 것이 아니라 나 자신을 이해하는 여정임을 실감했습니다. 비폭력대화의 원리를 적용해가며 문장을 쓰고 지우기를 반복하면서 스스로의 감정을 더 선명하고 생생하게 바라볼 수 있었습니다. 기대와 두려움을 오가던 마음은 조금씩 담담하고 평화로운 감정으로 자리를 잡아가기 시작했습니다.

가장 인상 깊었던 순간은, 작은 문장 하나하나가 마음을 위로해준 때였습니다. 그 문장은 누군가를 위한 말이면서 동시에 저 자신에게 건네는 다정한 말이었습니다. 이 책은 누군가에게 전하기 위한 글이면서, 내 안의 목소리를 듣는 조용한 대화였습니다. 그 속에서 뭉클함, 안타까움, 서운함, 안도감, 기쁨, 후련함 같은 다양한 순간들을 마주했습니다. 그 흐름을 따라 마음을 들여다보며 써 내려간 시간, 그것이 이 책을 통해 만난 저의 '느낌'이었습니다.

))) 욕구 : 이 책을 통해 이루고 싶었던 마음의 바람들 (((

'어떻게 하면 소통을 잘 할 수 있을까?' '어떻게 하면 상처 주지 않으면서도 내 마음을 솔직하게 표현할 수 있을까?' 이런 질문에 머물 때도 많았습니다. 하지만 막상 관계 속에 들어서면, 그런 고민은 흔적 없이 사라지고 순간의 감정에 휘둘립니다. 상대를 배려하고, 이해하고 싶은 마음은 분명히 존재하지만 그 마음을 끝까지 지키며 대화를 이어가기는 어렵습니다. 그래서 스스로에게 이렇게 묻습니다. '무엇이 나를 진심으로 움직이게 하는가?' '나는 어떤 연결을 바라고 있는가?'

책을 쓰면서 충족하고 싶었던 욕구들이 있었습니다. 무엇보다도 비폭력대화를 지금까지와는 다른 방식으로 전하고 싶었습니다. 이론이나 기술을 넘어, 그림책이라는 매개체를 통해 감정과 공감이 자연스럽게 피어나는 방식으로요. 비폭력대화를 단순한 소통의 기술로 이해하는 경우가 종종 있습니다. 그것을 넘어 더 깊은 차원, 이를테면 사고방식의 전환, 자기이해, 의식의 확장 또한 중요하다는 것을 전하고 싶었습니다. 소통 기술에 능숙해 보이는 사람의 말이 정작 당사자의 마음에는 닿지 않는 장면을 가끔 마주하기 때문입니다.

책을 통해 나눔의 기쁨을 경험하고 싶었습니다. 내가 알아차린 감정과 통찰을 다른 이와 나누고, 그 과정에서 서로의 마음이 조금 더 가까워질 수 있기를 바랐습니다. 또한 도움이 되고 싶었습니다. 어떤 부모가 아이와 대화하며 이 책을 떠올리거나, 누군가가 자기감정을 혼자 다독이려 할 때 이 책의 한 구절이 위로가 될 수 있다면, 그것만으로도 이 작업은 충분히 의미 있다고 생각합니다.

그리고 이 책의 여러 장면들에는 제가 치유받고 싶었던 과거의 경험들도 담겨 있습니다. 후회스러운 관계, 외면당했던 순간, 말하지 못했던 마음……. 그 기억들 위에 비폭력대화의 관점과 실천을 적용하고 어떻게 더 건강하게 나를 돌볼 수 있을지 스스로 실험해보았습니다. '거절하기와 거절 듣기'에서는 서로의 경계를 지키며 진실하게 연결되는 방식을, '자기공감'에서는 자신에게 좀 더 부드럽게 다가가는 연습을, 공감하기가 어려울 땐 '듣기 불편한 말과 네 가지 선택'이 길잡이가 되기를 바라는 마음도 담았습니다.

))) 부탁 : 당신을 대화에 초대합니다 (((

여기까지 함께 읽어주셔서 감사합니다. 이 책을 쓰는 동안 종종 이렇게 상상하곤 했습니다. '이 문장을 읽는 누군가는 지금 어떤 마음일까? 이 이야기가 누군가의 하루에 작은 위로가 될 수 있을까?' 여러분도 아마 이 책의 어느 장면에서는 조금은 뭉클하거나, 마음 깊은 곳이 평온해지고 안심되는 순간이 있으셨으리라 생각합니다. 그런 장면이 있었다면, 그리고 그 마음이 아직 남아 있다면 작게, 아주 작은 실천으로 옮겨주실 수 있을까요?

예를 들어, 누군가와 대화를 나눌 때
"내 말이 어떻게 들려?" "지금 내가 말한 것에 어떤 느낌이 들어?" 이런 질문을 한번 던져보는 것입니다. 혹은 솔직한 마음을 꺼내기 어려운 순간 "내가 말한 이 생각, 같이 이야기해볼 수 있을까?" 이렇게 조심스레 말을 건네보는 건 어떨까요?

비폭력대화의 핵심은 지금 이 순간의 '솔직한 마음'을 말하는 것이라고 믿습니다. 그리고 그 마음을 꺼낼 수 있도록 상대의 이야기를 '있는 그대로 들어주는 것'이라고 생각합니다. 이 책이 끝나는 자리에서 당신의 말과 마음이 조금 더 부드럽고 다정해지기를 바랍니다. 말 한마디가 꽃이 되는 순간을 오늘, 누군가와 함께 만들어주시길 부탁드립니다.

부록

연습 1. 평가와 관찰 구별하기

1. 이 문장은 출근 여부라는 객관적 사실만을 전하고 있어 관찰에 해당합니다.

2. '게으르다'는 개인의 태도나 성향을 해석한 주관적 판단이므로, 평가에 해당합니다. "엄마는 오늘 하루 종일 소파에 앉아 TV를 보셨다"와 같이 구체적인 행동을 묘사하면 관찰의 예시가 될 수 있습니다.

3. 이 문장은 상대방의 구체적인 행동을 그대로 묘사하고 있으며, 해석이나 의견이 개입되지 않았으므로 관찰로 볼 수 있습니다.

4. '친절하다'는 성품에 대한, 말하는 사람의 주관적 해석이므로 평가에 해당합니다. "어제 내가 지쳐 있을 때 네가 다가와서 말을 걸어주고, 물도 건네줬어"는 구체적인 행동을 묘사한 관찰의 예시가 될 수 있습니다.

5. '성격이 부드럽다'는 객관적 사실이 아니라, 부장의 태도나 표현을 해석한 주관적 판단이므로 평가로 분류됩니다. "회의 시간에 부장님은 말할 때 목소리를 낮추었고, 의견을 끝까지 들어주셨어." 이처럼 행동을 묘사하

면 관찰로 전환할 수 있습니다.

6. 눈으로 확인 가능한 구체적인 행동을 묘사하고 있으므로 관찰입니다.

7. 시간, 장소, 사건이 구체적으로 드러나 있고, 어떤 판단도 개입되지 않았기에 관찰입니다.

8. '일방적이다'라는 문장은 개인의 해석이 담긴 표현으로 평가입니다. "그 친구는 대화를 할 때 내 말은 듣지 않고, 자기 이야기만 30분 넘게 계속했어." 이와 같이 구체적으로 묘사하면 관찰이 될 수 있습니다.

9. 눈에 보이는 그대로 묘사하고 있으므로 관찰입니다.

10. '괴팍하다'는 성격에 대한 해석으로 주관적 평가에 해당합니다. "그 사람은 상대방이 말하는 도중에 인상을 찌푸리며 의자에서 일어났다"처럼 관찰로 바꾸어 표현할 수 있습니다.

연습 2. 느낌과 생각을 구분하기

1. '불쌍하다'는 상황을 해석하고 판단한 말로, 느낌보다 생각에 가깝습니다. 느낌으로 바꾸어 표현하면, "순자의 삶 이야기를 들으니 마음이 아프고 속상했어"라고 말할 수 있습니다.

2. '마음이 짠했다'는 구체적인 정서적 반응을 나타내므로 느낌에 해당합니다.

3. '착하다'는 성격에 대한 주관적 판단이며, 이유를 추론하는 내용이므로 생각에 해당합니다. 느낌으로 바꾸어 표현하면, "분이가 순자를 도와주는 모습을 보니 마음이 따뜻해졌어"라고 할 수 있습니다.

4. '엉뚱하다'는 표현은 말하는 사람의 해석이 들어간 생각입니다. 느낌으로 바꾸어 표현하면, "순자가 우물 안을 오래 들여다보는 모습이 신경 쓰이고 걱정이 돼"라고 말할 수 있습니다.

5. '안쓰럽고 안타까웠다'는 정서적 반응을 표현하고 있으므로 느낌에 해

당합니다.

6. '놀랍다', '흥미롭다'는 마음의 움직임을 드러내는 표현으로, 느낌에 해당합니다.

7. '학대하는 것 같다'는 상황을 해석하고 판단한 표현으로, 생각에 해당합니다. 느낌으로 바꾸어 표현하면, "나는 순자가 큰아버지에게 혼나는 모습을 보면서 마음이 불편하고 걱정됐어"와 같이 말할 수 있습니다.

8. '무시'는 상대방의 마음을 추측한 것이지, 내면에서 느낀 감정을 직접적으로 표현한 것은 아닙니다. 느낌으로 바꾸면, "나만 그 무리 속에 속하지 못한 것 같아서 속상했어"라고 표현할 수 있습니다.

9. '따뜻하게 느껴졌다'는 정서적 반응을 나타내는 표현으로, 느낌에 해당합니다.

10. '뭉클했다'는 감정이 직접 드러난 표현으로, 느낌에 해당합니다.

연습 3. 느낌과 욕구 찾아보기

상황 1 : 내 생일날, 남편이 미역국을 끓여 밥을 차려놓았어요.
- 느낌 : 고마운, 뭉클한, 훈훈한, 기쁜
- 욕구 : 신뢰, 감사, 사랑, 관심, 연결

상황 2 : 가족에게 고민을 털어놓았더니 "네가 너무 예민한 거 아니야?"라고 했어요.
- 느낌 : 속상한, 실망스러운, 멋쩍은, 민망한, 외로운
- 욕구 : 이해, 존중, 지지, 공감

상황 3 : 발표를 마쳤는데 아무런 반응도 피드백도 없었어요.
- 느낌 : 걱정되는, 허전한, 속상한, 서운한
- 욕구 : 인정, 수용, 안도, 관심

상황 4 : 친구가 내 비밀을 다른 사람에게 이야기했어요.

- 느낌 : 화나는, 부끄러운, 짜증 나는, 속상한, 불안한
- 욕구 : 신뢰, 존중, 정서적 안전, 자기보호

상황 5 : 엄마가 내 일에 계속 간섭을 해요.
- 느낌 : 답답한, 괴로운, 난처한, 피곤한
- 욕구 : 가치를 선택할 수 있는 자유, 신뢰, 존중, 지지, 개성

연습 4. 명확하게 부탁하지 않은 문장 찾아보기

1. 명확하지 않은 부탁입니다. 구체적으로 무엇을 어떻게 해주길 원하는지가 드러나지 않습니다. "지금 내가 음악을 듣고 있는데, 목소리를 조금만 낮춰줄 수 있을까?" 이처럼 구체적인 상황과 요청을 담아 권유형으로 표현할 수 있습니다.

2. 명확한 부탁입니다. 시간(10분 안)과 행동(준비하기)이 분명하게 제시되어 있습니다.

3. 명확하지 않은 부탁입니다. '조심하라'는 표현은 어떤 말이나 행동을 구체적으로 바꾸길 원하는지 불분명합니다. "내가 속상했던, '그건 말도 안 돼'라는 표현 대신, 네가 생각한 이유를 말해줄 수 있을까?" 라고 그 상황을 구체적으로 말할 수 있을 것입니다.

4. 명확하지 않은 부탁입니다. '배려'라는 표현은 다소 추상적이어서 사람마다 다르게 받아들일 수 있습니다. "내가 조용한 시간을 좋아해서 그러는데, 하루에 30분은 혼자만의 시간을 보낼 수 있도록 배려해줄 수 있을까?"라고 배려의 방식을 구체적으로 말할 수 있을 것입니다.

5. 명확한 부탁입니다. 행동(정리하기, 먼지 털기)이 구체적으로 제시되어 있어 명확한 부탁입니다.

연습 5. 공감으로 듣기

각 예시 문장에 대한 느낌과 욕구는 상황에 따라 다양하게 해석될 수 있습니다. 각 문항마다 하나씩 추측하여 적어보았습니다. 직접 생각해보시면 더욱 도움이 될 것입니다.

1. 순자가 들판에서 혼자 나물을 뜯고 있는데, 멀리서 웃고 떠드는 아이들 무리가 보입니다.
   - 순자의 느낌 : 속상한, 외로운, 신경 쓰이는, 슬픈
   - 순자의 욕구 : 소속감, 유대, 친밀한 관계, 우정

2. 분이는 순자를 도와주기 위해 다른 동무들과 함께 일손을 나눕니다.
   - 분이의 느낌 : 충만한, 만족스런, 신나는, 활기찬
   - 분이의 욕구 : 친밀한 관계, 협력, 도움, 신뢰,

3. 사자가 "나는 낮잠을 자는 게 취미야"라고 말했을 때, 고양이들은 깔깔깔 웃었습니다.
   - 사자의 느낌 : 서글픈, 속상한, 실망스러운, 곤혹스러운
   - 사자의 욕구 : 배려, 공감, 이해, 수용

4. 곰씨는 토끼 가족에게 혼자 있는 시간이 필요하다고 말하고 싶었지만 정작 말을 꺼내지 못했습니다.
   - 곰씨의 느낌 : 답답한, 절망스러운, 애석한, 안타까운
   - 곰씨의 욕구 : 자기표현, 소통, 배려, 존중

5. "내가 얼마나 노력했는데. 난 세상에 다시없는 친절한 곰이라고." 곰씨는 혼자 울부짖습니다.
   - 곰씨의 느낌 : 절망스러운, 비참한, 무력한, 속상한
   - 곰씨의 욕구 : 인정, 존중, 관심, 사랑

연습 6. 불편한 말을 들었을 때 선택할 수 있는 네 가지 반응

1. 언니(형)는 안 그러는데, 너는 왜?

- 자신 탓하기 : 맞아, 언니는 뭐든 잘하는데, 나는 항상 부족한 것 같아.
- 상대 탓하기 : 왜 나한테만 그래요? 엄마도 나를 도와준 적 없잖아요. 맨날 언니만 챙기면서.
- 자신의 느낌과 욕구 알아차리기 : 저 말을 들으니 속상하고 화가 나.(느낌) 나도 나름대로 잘하려고 애쓰고 있는데, 그 점을 존중받고 싶어.(욕구)
- 상대의 느낌과 욕구 알아차리기 : 제 행동이 좀 실망스러워요?(느낌) 어떤 일이든 효율적으로 명료하게 해내길 바라시는 건가요?(욕구)

2. 누구는 취직해서 자리 잡았다더라.
- 자신 탓하기 : 맞아, 나는 자신 있는 분야가 하나도 없는데, 이러다가 영영 취직을 못하는 거 아닐까.
- 상대 탓하기 : 이모는 나한테 그런 말할 자격이나 있으세요?
- 자신의 느낌과 욕구 알아차리기 : 저 말을 들으니, 곤혹스럽고 슬프다.(느낌) 나도 취직을 하려고 나름대로 여기저기 알아보고 있다는 걸 알아주고 지지해주었으면 해.(욕구)
- 상대의 느낌과 욕구 알아차리기 : 제가 좀 답답해 보이셨어요?(느낌) 지금 이 불안한 상황에서 벗어나 좀 더 안정적으로 살아가기를 바라시는 건가요?(욕구)

3. 넌 참 공감 능력이 제로다.
- 자신 탓하기 : 그래 맞아. 나는 다른 사람의 감정이나 마음에 정말 둔감한 것 같아.
- 상대 탓하기 : 네가 너무 예민한 것 아냐? 너는 그냥 넘어가는 게 없잖아.
- 자신의 느낌과 욕구 알아차리기 : 그 말을 들으니 당황스럽고 무기력하다. 사람들의 말을 잘 들어주고 이해하려고 애썼던 마음을 인

정받고 싶다. 그리고 내 진심이 잘 전달되기를 바란다.

- 상대의 느낌과 욕구 알아차리기 : 제가 감정을 이해하지 못해서 속상하셨어요? 서로 대화를 주고받으며 마음을 헤아리고 깊이 연결되기를 바라셨어요?

4. 너는 왜 그렇게 말이 많니?

- 자신 탓하기 : 그래 내가 말이 많기는 하지. 사람들이 나를 피곤해 하는 이유일 거야.

- 상대 탓하기 : 너는 왜 그렇게 말이 없니? 대화할 때 너도 말하면 되잖아!

- 자신의 느낌과 욕구 알아차리기 : 그 말을 들으니 혼란스럽고 부끄러워. 나도 나대로 경청하려고 노력하고 있다는 것을 알아주었으면 해. 그리고 대화를 통해 상대의 마음을 더 깊이 이해하고 싶어.

- 상대의 느낌과 욕구 알아차리기 : 내가 말을 많이 해서 속상했어? 우리가 대화를 나눌 때 다른 방식으로 나누기를 원해?

5. 다른 사람들은 다 이해하는데, 왜 너만 이해를 못 하니?

- 자신 탓하기 : 내가 이해력이 많이 부족한가봐. 나는 못 하는 게 왜 이렇게 많을까.

- 상대 탓하기 : 네가 설명을 제대로 해야 이해를 하지? 너야말로 설명을 그렇게밖에 못 하니?

- 자신의 느낌과 욕구 알아차리기 : 그런 말을 들으니 억울하고 화가 난다. 나도 이해하려고 애쓰고 있다는 걸 그대로 봐주었으면 좋겠고, 내가 전하고자 하는 바를 상대가 잘 이해해주고 소통이 원활하게 이루어지길 바란다.

- 상대의 느낌과 욕구 알아차리기 : 혹시 내 설명이 명확하지 않아서 복잡하고 혼란스러웠어? 내용을 충분히 이해하고 스스로 납득하며 일하고 싶었어?

수록 작품 목록

> 그림책

- 《말의 형태》_오나리 유코 글그림, 허은 옮김(봄봄출판사, 2020)
- 《하루거리》_김휘훈 글그림(그림책공작소, 2020)
- 《중요한 사실》_마거릿 와이즈 브라운 글, 최재은 그림, 최재숙 옮김(보림, 2005)
- 《감정 호텔》_리디아 브란코비치 글그림, 장미란 옮김(책읽는곰, 2024)
- 《진짜 내 소원》_이선미 글그림(글로연, 2020)
- 《가시 소년》_권자경 글, 하완 그림(천개의바람, 2021)
- 《하늘을 나는 사자》_사노 요코 글그림, 황진희 옮김(천개의바람, 2018)
- 《곰씨의 의자》_노인경 글그림(문학동네, 2016)
- 《가만히 들어주었어》_코리 도어펠드 글그림, 신혜은 옮김(북뱅크, 2019)
- 《소피가 속상하면, 너무너무 속상하면》_몰리 뱅 글그림, 박수현 옮김(책읽는곰, 2015)
- 《소피가 화나면, 정말 정말 화나면》_몰리 뱅 글그림, 박수현 옮김(책읽는곰, 2013)
- 《내 마음에 파도가 칠 때》_조시온 글, 이수연 그림(옐로스톤, 2025)
- 《괜찮아, 나의 두꺼비야》_이소영 글그림(글로연, 2022)
- 《나는 강물처럼 말해요》_조던 스콧 글, 시드니 스미스 그림, 김지은 옮김(책읽는곰, 2021)

시

- 딸을 위한 시_마종하
- 여인숙_잘랄루딘 루미, 허경자 옮김
- 느낌_이성복(《그 여름의 끝》, 문학과지성사, 1990)
- 벗에게 부탁함_정호승(《사랑하다가 죽어버려라》, 창비, 1997)
- 용기_이규경(《짧은 동화 긴 생각》, 효리원, 2022)
- 안아주기_나호열(《울타리가 없는 집》, 에코리브르, 2023)
- 인간성에 대한 반성문 2_권정생(《사람의 문학》, 1997년 가을호)
- 독나무_윌리엄 블레이크, 정경심 옮김(《희망은 한 마리 새》, 스토리두잉, 2024)
- 질투는 나의 힘_기형도
- 아침 산책_메리 올리버, 민승남 옮김(《완벽한 날들》, 마음산책, 2013)

※ 이 책에 수록된 작품은 저작권자에게 허락을 구하여 사용한 것입니다. 저작권자를 찾지 못한 몇몇 작품의 경우, 추후 연락 주시면 사용에 대한 허락을 구하도록 하겠습니다. 작품 수록을 허락해주신 분들께 감사드립니다.

그림책으로 나누는 비폭력대화

1판 1쇄	2025년 11월 24일
ISBN	979-11-87079-66-8 (03180)

글쓴이	허경자
펴낸이	최은숙
디자인	남우주
등록	제2025-000089호
주소	경기도 파주시 회동길 337-15, 404호
전자우편	dyitte@gmail.com
페이스북	Yellowstone2
인스타	Yellowstone_publishing_co
블로그	https://blog.naver.com/yellowtone

이 책은 저작권법에 의해 한국 내에서 보호를 받는 저작물이므로 무단전재와 무단복제를 금합니다.

 큐알코드를 스캔해 그림책으로 나누는 비폭력대화와 관련한 다양한 자료를 사용할 수 있습니다.

★ 옐로스톤은 치유와 성장, 자유와 행복을 꿈꾸는 출판사입니다.
★ 옐로스톤은 독자와 함께 더 큰 세상을 열어갑니다.